高等职业教育（本科）计算机类专业系列教材

Python程序设计

主　编　尹洪岩　王　康　蒿　琳
副主编　张春波　王中雨　景　凯
参　编　崔　敏　杜　柠　赵　颖

机械工业出版社

本书从Python基础语法入手，逐步深入到面向对象编程、文件处理与数据操作等高级特性，内容全面且层次分明。同时，本书注重实践操作，详细介绍了Python基础语法、函数与模块、面向对象编程、文件处理与数据操作以及高级特性与应用等，并通过丰富的案例和实践项目，让学生在实践中掌握Python编程的核心技能。

本书既可作为高职高专院校计算机、大数据和人工智能等相关专业的教材，也可作为从事数据分析、数据采集等相关工作的技术人员的参考用书。本书配有教学课件，选用本书作为教材的教师可登录机械工业出版社教育服务网（www.cmpedu.com）免费注册后下载，或联系编辑（010-88379194）咨询。

图书在版编目（CIP）数据

Python程序设计 / 尹洪岩，王康，蒿琳主编.
北京：机械工业出版社，2024.8（2025.10重印）.
（高等职业教育（本科）计算机类专业系列教材）.
ISBN 978-7-111-75967-6

Ⅰ．TP311.561
中国国家版本馆CIP数据核字第2024L6P475号

机械工业出版社（北京市百万庄大街22号　邮政编码100037）
策划编辑：李绍坤　　　　　　责任编辑：李绍坤
责任校对：张爱妮　李　杉　　封面设计：马精明
责任印制：邓　博
北京中科印刷有限公司印刷
2025年10月第1版第2次印刷
184mm×260mm・9.75 印张・225千字
标准书号：ISBN 978-7-111-75967-6
定价：35.00元

电话服务　　　　　　　　　网络服务
客服电话：010-88361066　　机　工　官　网：www.cmpbook.com
　　　　　010-88379833　　机　工　官　博：weibo.com/cmp1952
　　　　　010-68326294　　金　书　网：www.golden-book.com
封底无防伪标均为盗版　机工教育服务网：www.cmpedu.com

前 言

随着计算机技术的飞速发展,编程语言已经成为现代人必备的技能之一。Python 作为一种高效、易学、功能强大的编程语言,逐渐受到越来越多人的关注和喜爱。

Python 的语法简洁明了,易于上手,使得初学者能够快速地掌握编程的基本知识和技能。同时,Python 也具有丰富的库和框架,可以方便地实现各种复杂的功能和算法,使得开发人员能够更加高效地完成项目。Python 在数据科学、机器学习和人工智能等领域有着广泛的应用,通过使用 Python,开发人员可以轻松地处理和分析大量数据,实现各种智能化的应用。

本书旨在为读者提供系统的、实用的 Python 程序设计知识。全书内容丰富,涵盖了 Python 编程的各个方面,包括基础语法、数据类型、控制结构、函数、面向对象编程和文件处理等。本书共 6 个项目,包括初识 Python 程序设计语言、定义数据结构存储数据、控制 Python 程序运行流程、封装 Python 程序、操作文件并处理异常、使用 Python 模块。全书知识点的讲解由浅入深,使每一位读者都能有所收获,也保持了整本书的知识深度。同时,本书注重实践操作,通过丰富的案例和实践项目,帮助读者在实践中掌握 Python 编程的核心技能。

本书结构条理清晰、内容详细,每个项目都通过项目导言、学习目标、任务描述、知识准备、任务实施、项目小结、课后习题、学习评价进行相应内容的讲解。其中,项目导言通过实际情景对本项目学习的主要内容进行讲解;学习目标对本项目内容的学习提出要求;任务描述对当前任务的实现进行概述,通过完成任务进行素质拓展,可以潜移默化地对思想意识、行为举止产生影响,实现"立德树人";知识准备对当前任务所需知识进行讲解;任务实施对当前任务进行具体实现;项目小结对本项目学习的内容进行总结,使学生全面掌握所讲内容。

本书由哈尔滨职业技术大学的尹洪岩、浪潮集团的王康、济宁学院的蒿琳担任主编,哈尔滨职业技术大学的张春波、济宁市技师学院的王中雨、山东服装职业学院的景凯担任副主编。其中,尹洪岩和王康负责本书的整体策划、组织、沟通协调和全书统稿工作并编写项目 1 和项目 2,蒿琳负责编写项目 3 和项目 4,张春波、王中雨和景凯负责编写项目 5 和项目 6。另外,参与本书编写的还有济南职业学院的崔敏、山东电子职业技术学院的杜柠、桂林旅游学院的赵颖,他们共同进行了本书的审稿和修改工作。

由于编者水平有限,本书难免存在不足之处,欢迎读者朋友批评指正。

编 者

二维码索引

名　称	图　形	页　码	名　称	图　形	页　码
2-1		036	3-2		073
2-2		042	4-1		086
2-3		047	4-2		098
2-4		053	5-1		110
2-5		058	5-2		117
3-1		068	6		128

前言

二维码索引

项目 1　初识 Python 程序设计语言　//001

项目导言　//001

学习目标　//001

任务1　准备Python运行环境　//002

任务2　开发第一个Python程序　//015

项目小结　//027

课后习题　//027

学习评价　//028

项目 2　定义数据结构存储数据　//029

项目导言　//029

学习目标　//029

任务1　定义字符串　//030

任务2　定义列表　//038

任务3　定义元组　//044

任务4　定义字典　//049

任务5　定义集合　//055

项目小结　//061

课后习题　//061

学习评价　//062

项目 3　控制 Python 程序运行流程　//063

项目导言　//063

学习目标　//063

任务1　设置条件判断　//064

任务2　使用循环语句遍历数据　//069

项目小结　//074

课后习题　//075

学习评价　//075

项目 4　封装 Python 程序　//077

项目导言　//077

学习目标　//077

任务1　使用函数封装Python代码　//078

任务2　使用面向对象思想开发Python　//089

项目小结　//101

课后习题　//101

学习评价　//102

项目 5　操作文件并处理异常　//103

项目导言　//103

学习目标　//103

任务1　操作本地文件　//104

任务2　为Python程序添加异常处理操作　//112

项目小结　//119

课后习题　//119

学习评价　//120

项目 6　使用 Python 模块　//121

项目导言　//121

学习目标　//121

任务1　使用urllib模块获取网页数据　//122

任务2　使用re模块过滤数据　//131

任务3　使用PyMySQL模块存储数据　//139

项目小结　//147

课后习题　//147

学习评价　//148

参考文献　//149

项目 1

初识 Python 程序设计语言

项目导言

编程最早可以追溯到提花机的使用,那时,我国古代的人为了在衣服上设计出绚丽多彩的图案,研制出了花本提花机。织布工人提前将织布图案精心编织设计在花本上,这个编织花本的过程就可以看作现在程序员的编程,织布线可以看作现在的编程语言,花本就是对应编程出来的程序,织布工人就是现在的程序员。跨越时间的长河,科技水平不断提高,直至有了现在的编程语言,程序员通过编程语言实现需要的特定功能。Python就是众多编程语言之一,具有简单易学、功能强大等特性,常被应用于数据分析与人工智能领域。本项目将通过对Python程序设计语言的介绍带领大家熟悉此编程语言,并实现第一个程序"Hello World"。

学习目标

- 了解Python的特点和应用;
- 熟悉Python包含的常用第三方工具;
- 掌握Python安装方法;
- 掌握Python基础语法和数据类型;
- 掌握Python标准输入输出和运算符;
- 具备安装配置Python环境的能力;
- 具备Python基础语法运用能力;
- 具备实现将字符串输出至标准输出设备的能力;
- 具备运行Python程序的能力;
- 具有正确的人生观和价值观;
- 具有良好的行为习惯和良好的心理素质;
- 具有扎实的专业知识和创新能力;
- 具有发现问题、分析问题和解决问题的能力。

任务1 准备Python运行环境

任务描述

Python语言具有非常广泛的应用，包括Web开发、科学计算、数据分析、机器学习、自然语言处理和游戏开发等。Python拥有丰富的库和工具，使得开发者能够快速、高效地开发各种应用程序。在任务实施的过程中，掌握Python编程工具的安装方法。

知识准备

一、Python简介

Python是一种基于C语言开发的编程语言，其设计理念强调代码的可读性和简洁性，目的是解决问题而不是让语言本身变得复杂。相较于其他编程语言，Python注重开发者的用户体验，提供了简单易懂的语法和丰富的标准库，使得开发者能够更加高效地编写代码。Python图标如图1-1所示。

图1-1　Python图标

最初，Python主要用于编写自动化脚本，随着不断地更新和发展，Python中增加了许多功能，并被广泛应用于大型项目的开发。

1. Python的版本

目前，Python有两个主要版本，分别是Python 2和Python 3。Python 2的首个版本发布于2000年，它最初被广泛使用，但在过去几年中由于已经停止更新，不再提供官方支持，因此不建议继续使用。Python 3在2008年发布，并对Python 2进行了重大改进和升级。另外，Python 2和Python 3还在语法、输出语句等多个方面存在差异，如下：

1）语法：Python 3与Python 2不兼容的最大变化是语法上的改变。一些在Python 2中有效的代码可能无法在Python 3中运行。例如，在Python 2中，print语句没有括号，而在Python 3中，它需要用括号括起来。

2）Unicode支持：Python 3默认使用Unicode字符集，但在Python 2中需要手动引入Unicode支持。

3）整数除法：在Python 2中，整数之间的除法会得到一个整数结果，截断小数部分。但在Python 3中，默认情况下，整数除法会得到一个浮点数结果。

4）range()函数：在Python 2中，range()函数返回一个列表，但在Python 3中，它返回一个可迭代对象。

5）print语句：在Python 2中，print语句可以打印多个参数，并且默认使用空格分隔它们。但在Python 3中，每个参数必须显式地用逗号分隔，而不是默认使用空格分隔。

2. Python的特点

Python的设计目标之一是使代码具有易读性和简洁性，因此它拥有非常友好的语法和面向对象的编程范例。除此之外，Python还具有易学易用、多平台支持和动态类型系统等特点，如下：

1）易学易用：Python具有简单的语法和清晰的代码结构，容易上手并且能有效地实现功能。

2）面向对象编程：Python支持面向对象编程范式，使程序员能够更轻松地组织和管理代码。

3）动态类型系统：Python使用动态类型系统，不需要显式指定变量类型，这使得代码编写更加简单快捷。

4）自动内存管理：Python通过垃圾回收机制实现自动内存管理，避免了手动内存处理过程中可能出现的错误。

5）多平台支持：Python可以在Windows、Linux和macOS等主流操作系统上运行，可移植性强。

6）强大的标准库：Python拥有庞大的标准库，包括各种常用模块和工具，几乎可以满足所有开发需求。

7）开源免费：Python是完全开源的，并且拥有庞大的社区支持。

3. Python的发展历程

Python是一种高级编程语言，由荷兰程序员Guido van Rossum在1989年底创建。目前，Python已成为非常受欢迎的编程语言之一，同时Python社区也在不断推出新的库和工具，促进了其生态系统的不断发展。Python发展历程见表1-1。

表1-1 Python发展历程

时间	描述
1989年	Guido van Rossum在阿姆斯特丹创建了Python项目
1991年	Python 0.9.0版本发布，成为第一个公开发布的Python版本
1994年	Python 1.0版本发布
2000年	Python 2.0版本发布，引入了新的特性，例如，垃圾回收机制和Unicode支持
2008年	Python 3.0版本发布，对语言做了重大改动，例如，去除了一些过时的语法，改进了Unicode支持等
2010年	Python 2.x和3.x并存的时期开始
2017年	Python 3.6版本发布，引入了许多新特性，例如，f-string字符串格式化、异步生成器等
2018年	Python首次跻身最受欢迎编程语言榜单的前三名，成为业内的热门语言之一
2020年	Python 3.9版本发布，包括对字典和哈希表优化、对类型注解的增强等
2023年	Python 3.11稳定版本发布

4. Python的应用

Python语言的语法简单明了，具有支持动态类型、解释执行和自动内存管理等特点，使得Python成为一种广泛应用于数据科学、机器学习和人工智能、Web开发、自动化和脚本、游戏开发等领域的编程语言。

（1）数据科学

Python在数据科学领域应用广泛，特别是在数据清洗、数据可视化和数据挖掘方面，因为它有许多用于处理数据的库和框架，例如，pandas、NumPy和scikit-learn等，能够提供一些方便的接口，可以帮助用户进行数据分析、可视化和机器学习等工作。Python数据分析如图1-2所示。

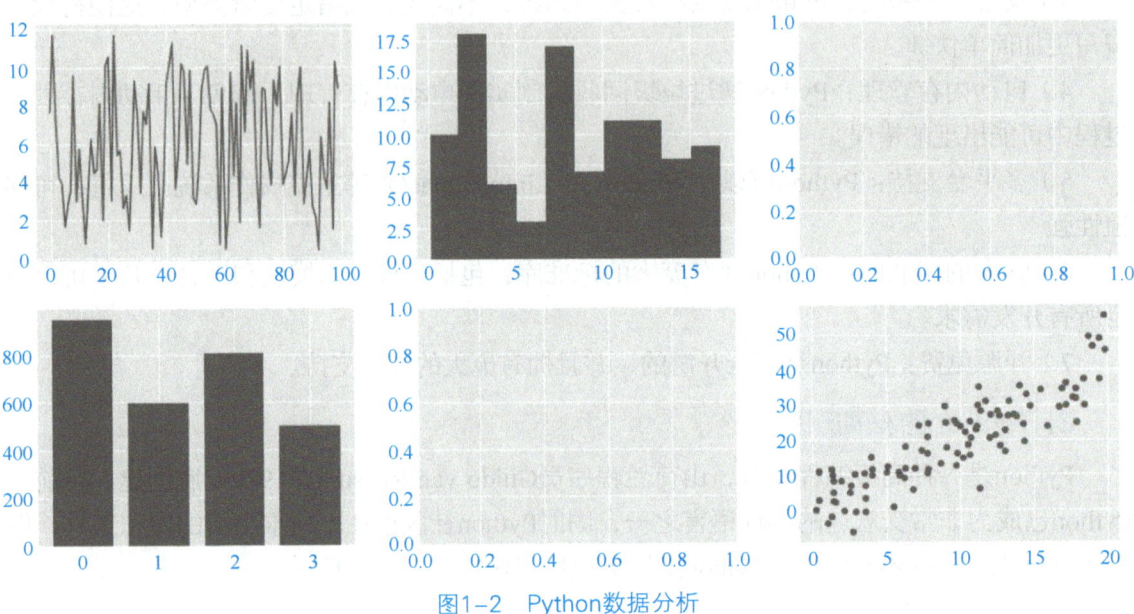

图1-2　Python数据分析

（2）机器学习和人工智能

Python也是机器学习和人工智能领域中非常受欢迎的语言之一，例如，TensorFlow和Keras等深度学习框架均支持Python接口，并且可以使用Python来编写神经网络和卷积神经网络模型。Python神经网络如图1-3所示。

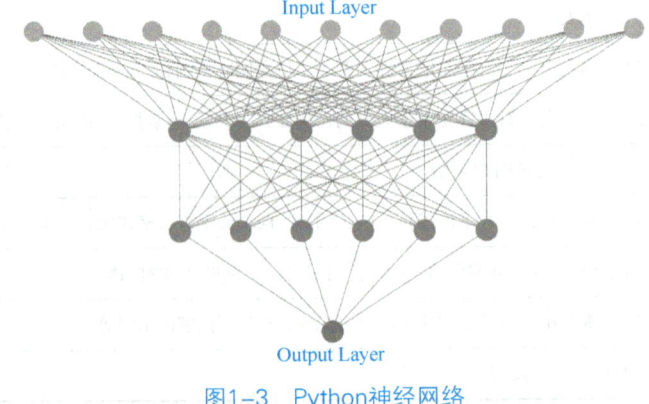

图1-3　Python神经网络

（3）Web开发

Python拥有许多流行的Web框架，例如，Django、Flask等，可以快速进行Web应用开发。并且，Python的Web开发框架友好易学，基础库丰富，还可以使用各种插件和模块扩展功能。Python的Web开发如图1-4所示。

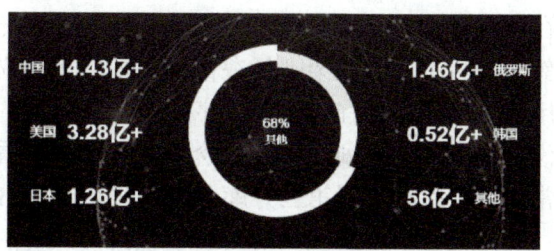

图1-4　Python的Web开发

（4）自动化和脚本

Python的易用性和可读性使它成为许多系统管理员和自动化专家偏爱的语言，可以用于各种自动化和脚本任务，例如，网络爬虫和系统管理等。并且，Python具有超强的文本处理能力和正则表达式支持，非常适合数据分析、数据清洗和数据转换。Python网络爬虫如图1-5所示。

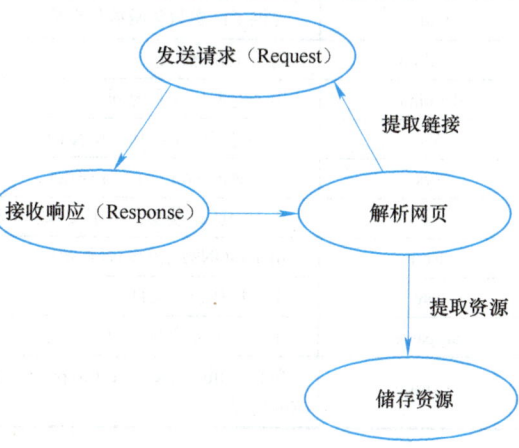

图1-5　Python网络爬虫

（5）游戏开发

Python的Pygame库提供了一个简单易用的2D游戏开发框架，可让开发者集中精力设计游戏玩法，而不是花费太多时间在游戏引擎上。Python游戏开发如图1-6所示。

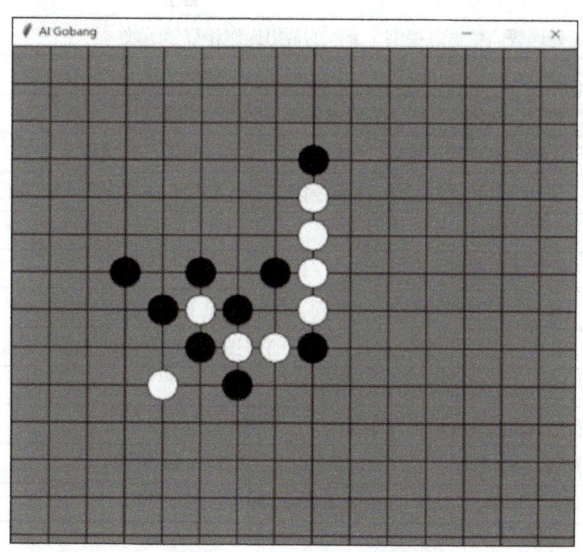

图1-6　Python游戏开发

5. Python第三方工具

Python语言的标准库中包含了许多通过模块（module）来实现的库和框架，能够实现各种功能，从而加快开发过程并提高代码质量，例如，数据处理、人工智能开发、图像处理、网络编程、Web开发和数据库编程等。其中，库提供了一些工具函数和数据结构，只能在Python程序中使用，并根据是否需要额外安装分为内置库（不需要安装）和第三方库（需额外安装）。而框架则是在模块的基础上建立了一整套开发框架，既可以在Python程序中使用，还可以使用在Python程序外，作为单独的工具进行Python项目的开发；并且，Python中没有把框架单独列为一个概念，框架也可以看作是一种库，只是功能更为强大而已。Python常用内置库和常用第三方库分别见表1-2和表1-3。

表1-2　Python常用内置库

名称	描述
math	提供了许多数学函数和常量
random	用于生成随机数
datetime	用于处理日期和时间
os	提供对操作系统功能的接口
sys	提供对Python的访问和控制
re	正则表达式模块，用于文本匹配和搜索
json	用于JSON数据的编码和解码
csv	用于操作CSV文件
argparse	用于处理命令行参数和选项
urllib	包括urllib.request、urllib.parse和urllib.error等多个模块，提供了处理URL、发送HTTP请求和处理响应的功能

表1-3　Python常用第三方库

名称	描述
NumPy	用于处理数值数据，提供了高效的数组操作和数学函数
pandas	数据分析库，提供了高效的数据结构和数据分析工具
Matplotlib	用于数据可视化和绘图，提供简单而灵活的绘图接口
scikit-learn	用于机器学习和数据挖掘，包含众多经典的机器学习算法和工具
TensorFlow	用于深度学习和神经网络，提供强大的计算框架和搭建神经网络的工具
Requests	用于发送HTTP请求
Beautiful Soup	用于从HTML页面中提取数据
Scrapy	用于爬取网站数据的框架，提供了高级的爬虫工具和数据提取功能
OpenCV	用于计算机视觉和机器学习，提供了许多图像处理和计算机视觉算法
PyMySQL	基于Python的MySQL数据库驱动程序
Django	流行的Web框架，用于快速创建复杂的Web应用程序
Flask	轻量级的Web框架，允许通过组件化方式构建Web应用程序
Pygame	游戏开发框架，用于创建2D游戏和交互式媒体应用程序

目前，Python中第三库的安装有三种方式，分别是pip安装、Wheel文件安装和源代码安装。

（1）pip安装

pip是Python的默认包管理器，使用pip可以轻松安装和卸载Python的第三方库，语法格式如下。

```
pip install <package-name>
```

其中，<package-name>是要安装的包的名称。

例如，使用pip安装NumPy包，效果如图1-7所示。

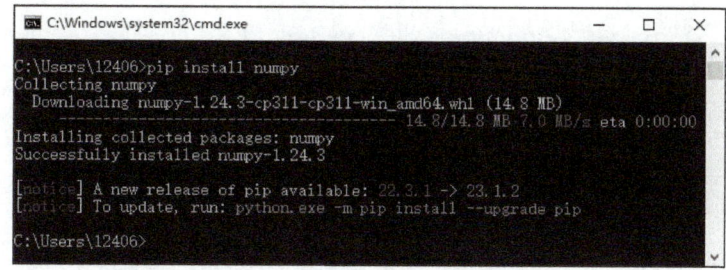

图1-7　使用pip安装NumPy包

（2）Wheel文件安装

Python的Wheel格式安装包的扩展名即为".whl"，在安装时，同样可以使用pip命令安装，语法格式如下。

　　pip install example_package-1.0.0-py3-none-any.whl

（3）源代码安装

大多数Python第三方库都提供了源代码的下载链接，用户可以手动下载源代码并按照其说明进行安装。通常情况下，安装过程包括解压缩源代码、进入解压后的目录和执行"python setup.py install"命令。

二、Python安装

Python是一种跨平台的编程语言，可以在多个操作系统上进行使用，包括Windows、macOS和Linux等。Python在Windows操作系统上的安装步骤如下：

第一步：访问并找到适合当前操作系统的Python版本。通常情况下，应该选择最新的稳定版本，Python官网页面如图1-8所示。

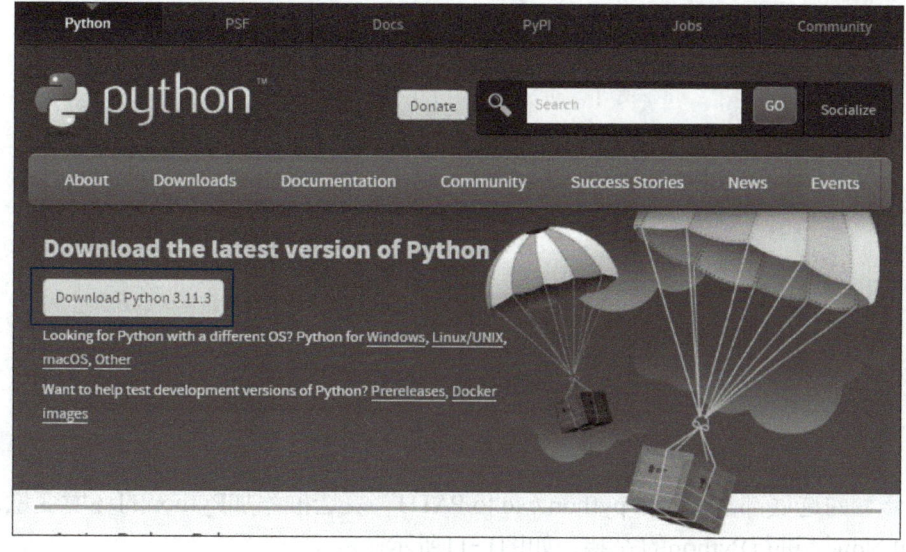

图1-8　Python官网

第二步：单击"Download Python 3.11.3"按钮进入Python安装文件下载界面，如图1-9所示。

Version	Operating System	Description	MD5 Sum	File Size	GPG	Sigstore
Gzipped source tarball	Source release		016ba65bc80411f9ec20c614ab385e81	26455738	SIG	.sigstore
XZ compressed source tarball	Source release		c8d52fc4fb8ad9932a11d86d142ee73a	19906156	SIG	.sigstore
macOS 64-bit universal2 installer	macOS	for macOS 10.9 and later	11eda9f16a4a85cfcc61dfc4b3f95e69	42859789	SIG	.sigstore
Windows embeddable package (32-bit)	Windows		58fc103df167d587ec4d1918dfcd4a62	9572139	SIG	.sigstore
Windows embeddable package (64-bit)	Windows		a58510bc0e8689cd3f80238f9435632d	10569806	SIG	.sigstore
Windows embeddable package (ARM64)	Windows		0e19be55774218c8ee46ed4176db68f3	9939202	SIG	.sigstore
Windows installer (32-bit)	Windows		691232496e346ce0860aef052dd6844f	24161448	SIG	.sigstore
Windows installer (64-bit)	Windows	Recommended	62414ff53148ae41b4cec89122532a82	25347040	SIG	.sigstore
Windows installer (ARM64)	Windows	Experimental	d6441f490e2c2163d7d67c78c7628bf9	24631624	SIG	.sigstore

图1-9　Python安装文件下载界面

第三步：单击"Windows installer (64-bit)"链接将Python安装文件下载至计算机中。

第四步：双击Python安装文件运行下载的安装程序，如图1-10所示。

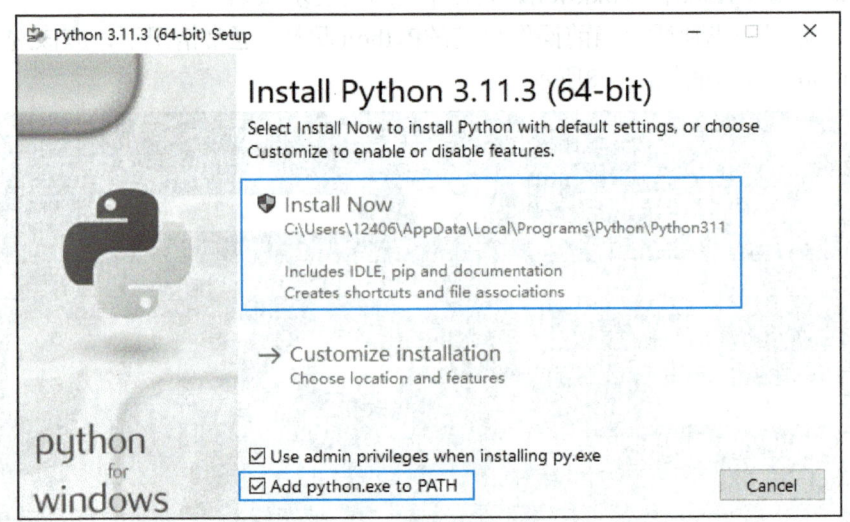

图1-10　Python安装程序

第五步：勾选底部的"Add python.exe to PATH"复选框添加Python的环境变量，之后单击"Install Now"进行Python的安装，如图1-11所示。

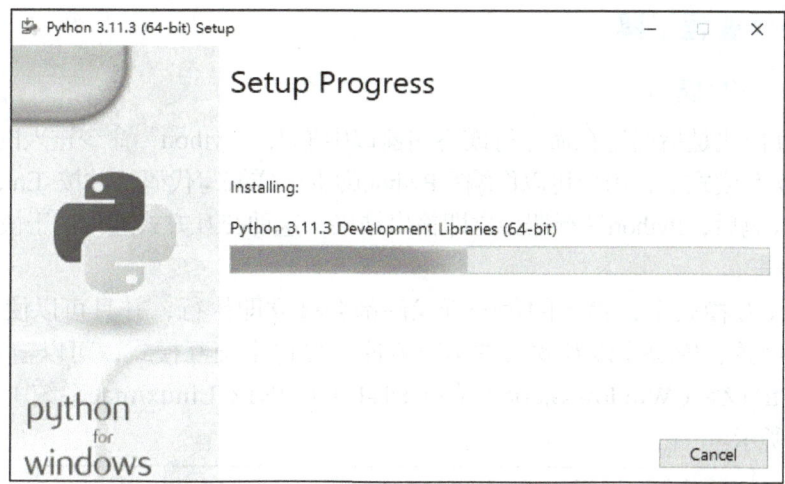

图1-11　安装Python

第六步：安装过程可能需要一些时间，因此请耐心等待。安装完成后，出现"Setup was successful"的提示即说明Python安装完成，如图1-12所示。

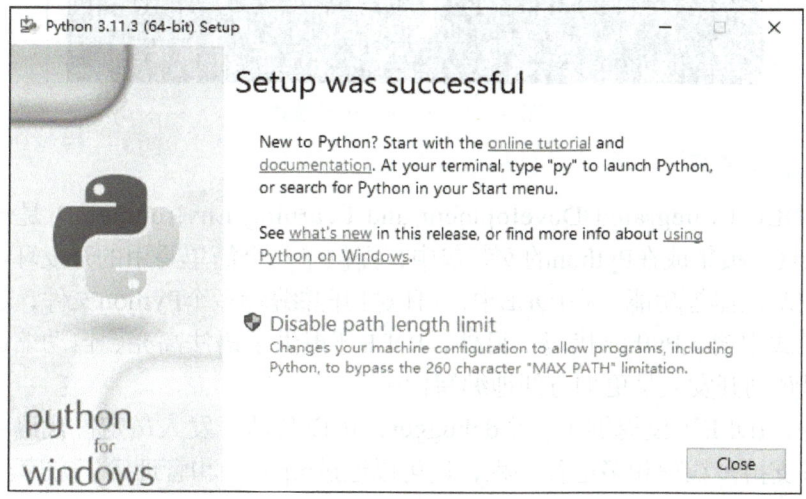

图1-12　安装成功

第七步：打开命令窗口，输入"python"来打开Python的交互模式进一步验证Python是否安装成功，效果如图1-13所示。

图1-13　验证Python是否安装成功

三、Python编程工具

1. Python交互模式

Python交互模式是指通过在命令行或终端窗口中输入"python"命令进入的一种Python解释器环境。在交互模式下，用户可以像编写Python脚本一样编写代码，并按<Enter>键执行，每次执行完一行代码后，Python解释器会立即输出结果，这种交互方式通常用于快速测试、调试和学习Python语言。

另外，在交互模式下，输入的每一行代码都会被立即执行，并且可以使用Python解释器提供的内置函数、模块库以及安装的第三方库。要退出交互模式，可以输入"exit()"或按下组合键<Ctrl+Z>（Windows系统）或<Ctrl+D>（UNIX/Linux/mac系统）。Python交互模式如图1-14所示。

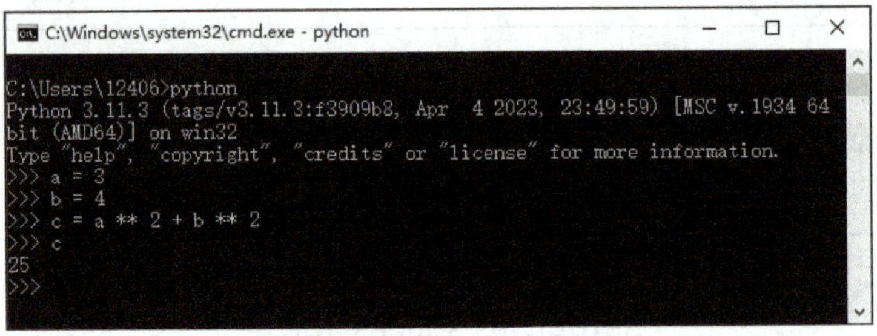

图1-14　Python交互模式

2. Python IDLE

Python IDLE（Integrated Development and Learning Environment）是一个轻量级的Python编程工具，被集成在Python的安装包中，提供了一个简单易用的开发环境，包括编辑器、解释器和调试器等功能。在IDLE中，可以打开并编辑多个Python文件，运行文件或者直接在交互模式中输入Python代码。另外，IDLE还提供了语法高亮、自动缩进和代码补全等功能，可以帮助开发人员更加方便地编写代码。

除此之外，IDLE不仅提供了一个debugger，可以帮助开发人员定位代码中的错误并进行调试；而且支持多线程和多进程编程，还可以通过pip安装和管理第三方库。IDLE界面如图1-15所示。

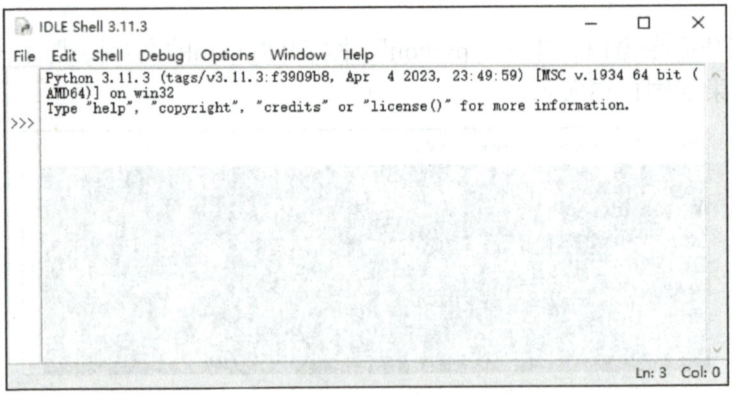

图1-15　IDLE界面

3. Jupyter Notebook

Jupyter Notebook是一个基于Web的交互式计算环境，它提供了一种轻松地创建、共享和修改文档的方式，这些文档包含实时代码、方程式、可视化和说明文本。Jupyter Notebook支持多种编程语言，包括Python、R和Julia等，但是以Python为主要语言使用最为广泛，Python的Jupyter Notebook界面如图1-16所示。

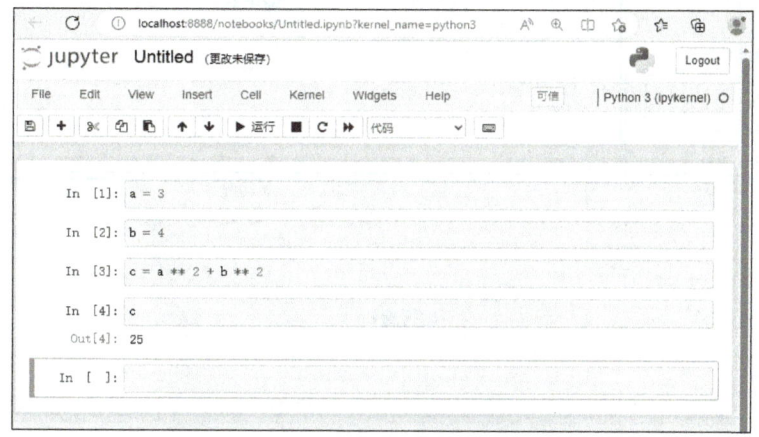

图1-16　Jupyter Notebook界面

4. PyCharm

PyCharm是一种Python集成开发环境，由JetBrains公司开发和维护。PyCharm为Python编程提供了许多功能，如下：

1）支持多种Python版本：PyCharm支持Python 2.x和3.x版本，并且可以同时使用。

2）智能代码提示：PyCharm具有强大的代码补全功能，可以根据上下文和已定义的变量、函数等内容智能提示代码。

3）调试工具：PyCharm内置了调试器，可以在代码中设置断点并逐步执行代码，还可以查看变量值和调用堆栈等信息，方便开发者进行调试。

4）版本控制：PyCharm支持多种版本控制系统，例如，Git、Mercurial和Subversion等，方便团队协作。

5）代码重构：PyCharm提供了各种代码重构功能，例如，重命名、提取方法和提取变量等，可以快速地改善代码结构。

6）自动化测试：PyCharm支持自动化测试工具，例如，unittest和pytest等，可以方便地编写和运行测试用例。

7）Web开发：PyCharm支持多种Web框架，例如，Django和Flask等，可以方便地开发Web应用程序。

8）数据库工具：PyCharm内置了多种数据库工具，例如，连接器、查询编辑器和数据浏览器等，可以方便地管理数据库。

另外，PyCharm还支持其他流行的Web技术，例如，HTML、CSS、JavaScript和Django。该软件有两个版本：社区版和专业版，其中社区版免费，而专业版需要付费许可证。PyCharm界面组成如图1-17所示。

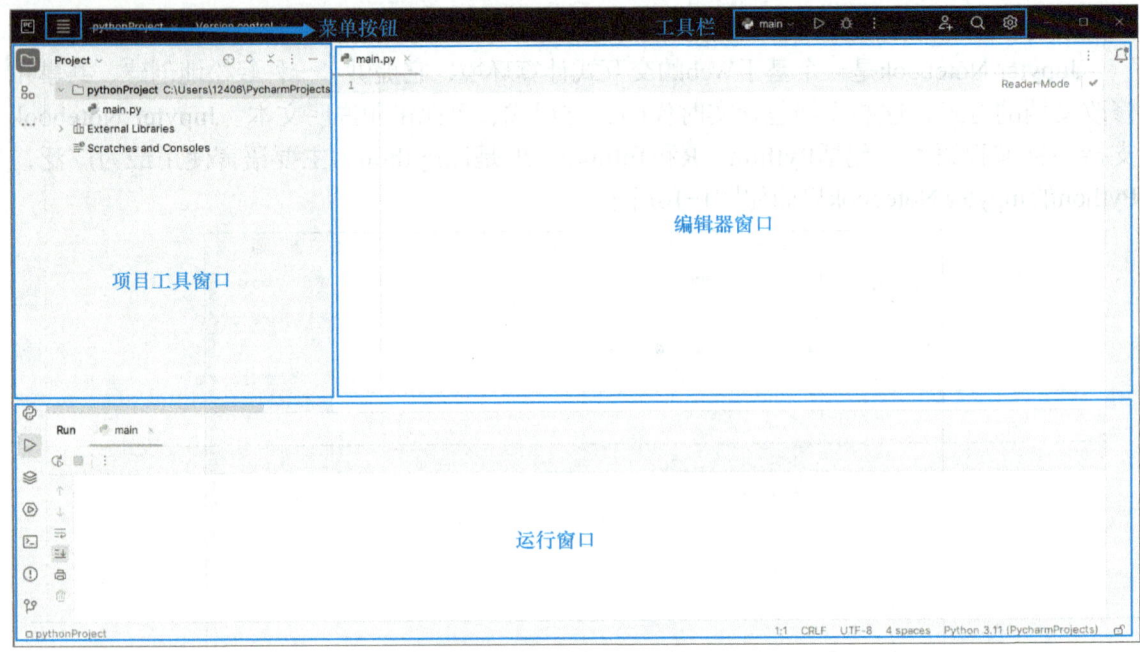

图1-17　PyCharm界面组成

其中：
- 菜单按钮：在顶部是一个标准的菜单按钮，包含了文件、编辑、查看、导航、运行、工具、VCS和帮助等选项，如图1-18所示。
- 工具栏：位于菜单按钮右侧，提供了快速访问常用功能的按钮，例如，运行、调试、搜索和版本控制等。
- 编辑器窗口：默认情况下，代码编辑器占据了整个中央区域，并提供了文本编辑和语法高亮等功能。
- 项目工具窗口：位于左侧，默认情况下是Project视图，显示项目目录结构和文件列表，可以通过单击"文件"打开编辑器。
- 运行窗口：位于底部，显示程序输出和错误信息等，还提供了调试器和控制台、数据库管理和终端等工具。

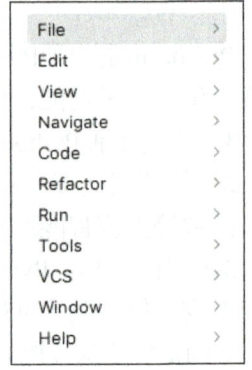

图1-18　菜单按钮

任务实施

通过对Python概念、Python安装以及Python编程工具使用等相关知识的学习，完成PyCharm编程工具的下载与安装，步骤如下。

第一步：进入PyCharm的官方下载页面，如图1-19所示。

第二步：选择操作系统以及PyCharm社区版本后，单击"Download"按钮进行当前最新版PyCharm安装文件下载。

项目1 初识Python程序设计语言

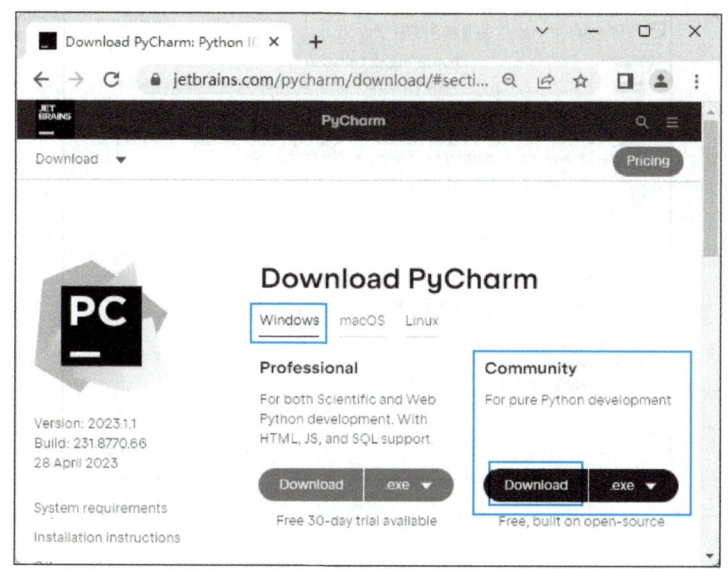

图1-19　PyCharm官方下载页面

第三步：双击PyCharm安装程序文件以启动安装过程，并进入PyCharm安装首界面，如图1-20所示。

图1-20　PyCharm安装首界面

第四步：单击"Next >"按钮，进入"PyCharm Community Edition Setup"页面，单击"Browse..."按钮，指定安装位置，默认情况下，PyCharm将安装在"C:\Program Files\JetBrains\"目录下，如图1-21所示。

第五步：单击"Next >"按钮，通过勾选复选框选择安装选项，默认情况下，PyCharm会自动为用户创建桌面快捷方式、使用Python解释器路径和创建启动菜单项等，可根据需要进行自定义设置，选择安装选项，如图1-22所示。

第六步：依次单击"Next >"→"Install"按钮进行PyCharm安装，之后等待安装完成，安装程序将开始复制文件并进行其他必要的设置，如图1-23所示。

第七步：安装完成后，单击"Finish"按钮完成PyCharm安装。

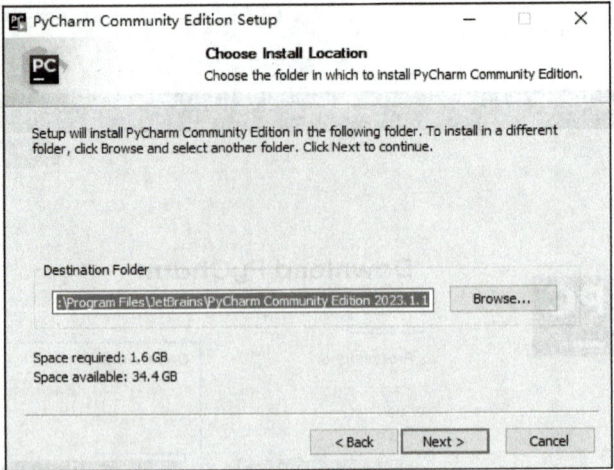

图1-21　指定安装位置

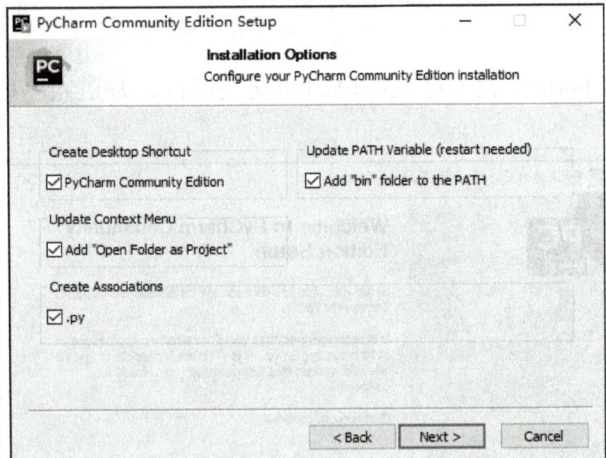

图1-22　选择安装选项

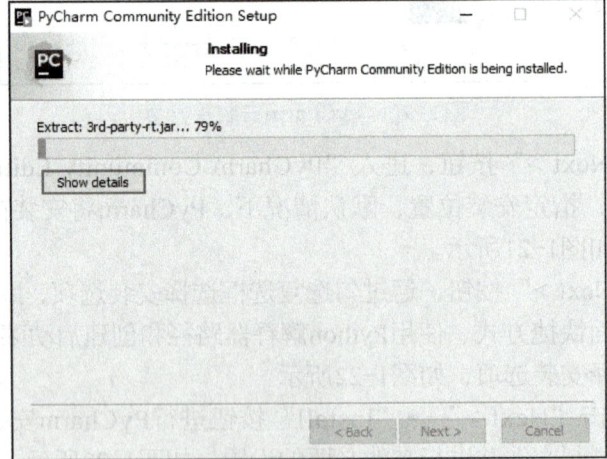

图1-23　PyCharm安装

任务2 开发第一个Python程序

任务描述

做任何事都要先打好基础，因为打好基础最重要。例如，建一座金字塔，基础越广，其塔尖就越高。要想获得丰富的知识，必须下大工夫、花大力气来打基础。Python基础知识主要包含了语法、变量定义、数据类型、运算和输入输出等知识。在任务实例的实现过程中掌握Python的基础语法和变量定义等基础知识，为后续的深入学习打好基础。

知识准备

一、Python基础语法

1. 编码设置

在计算机中，只能处理数字，因此所有字符必须先转换为数字才能被处理。而Python中，字符编码就指的是将字符转换成二进制数据（比特流）的方式，以便计算机能够理解和处理这些字符。目前，Python中常见的字符编码包括ASCII、UTF-8、Unicode和ISO 8859-1等。

（1）ASCII编码

ASCII（American Standard Code for Information Interchange，美国信息交换标准代码）是一种最早的字符编码方式，它使用7位二进制数（即128个字符）表示所有的字符，包括26个大写字母、26个小写字母、10个数字、一些标点符号和控制字符。

（2）UTF-8编码

UTF-8（Unicode Transformation Format-8）是一种变长的Unicode编码方式，它使用1~4个字节表示一个字符。对于英文字符，UTF-8编码和ASCII编码完全相同，使用1个字节表示。对于中文字符，UTF-8编码使用3个字节表示，其他字符则使用2~4个字节表示。

（3）Unicode编码

Unicode是计算机领域中的一项业界标准，解决了字符集混乱的问题，它采用16位编码，可以表示2^{16}=65 536个字符。Unicode既包含了ASCII编码，也包含了其他国家的字符，被广泛用于跨语言和多语言环境。

（4）ISO 8859-1编码

ISO 8859-1是一种单字节编码方式，支持西欧语言字符集，包括英文、德文、法文和西班牙文等。该编码方式只使用1个字节来表示每个字符，不支持非西欧语言字符的表示。

默认情况下，Python 3使用UTF-8作为源代码文件的编码方式，而Python 2默认使用ASCII编码，开发人员可以在开头添加注释来指定不同的编码格式，语法格式如下。

```
# -*- coding: 编码格式 -*-
```

在程序中使用字符串时，需要注意使用正确的编码方式进行处理，否则可能会出现乱码等问题。

2. 模块引入

在Python中，模块是指包含Python语句和定义的文件，也可以说是一个Python文件，可以被其他Python程序引入，以使用其中的函数、变量和类等对象。模块包含了一种组织Python代码的方法，可以将代码分成逻辑上相关的部分，并且可以方便地进行管理、重用和分享，特点如下：

1）模块在第一次导入时会执行整个模块的代码，并将其中定义的对象存储到内存中，以便后续引用。

2）如果一个模块被多个程序引用，那么该模块只会被导入一次，后续程序通过引用已经加载到内存中的模块对象来使用其中的函数、变量和类等对象。

3）模块可以被分为三类：标准库模块、第三方库模块和自定义模块。

①标准库模块：Python自带的模块，直接可以使用，无须额外安装。

②第三方库模块：使用前需要安装相关的第三方库，可以通过pip命令进行安装。

③自定义模块：由开发者自行创建的模块，通常保存在硬盘上的.py文件中。

4）模块的命名应该符合命名规范，尽量不要使用Python关键字和系统保留字等。

5）模块可以包含函数、变量和类等对象，同时也可以在模块中定义可执行语句。

目前，在Python中，可以通过import语句引入模块，在引入模块后即可使用该模块中定义的函数、变量和类等，语法格式如下。

```
# 导入一个模块，可以使用模块中定义的函数、变量和类等
# 访问时需要使用 module_name.前缀
import module_name
# 从一个模块中导入指定的函数、变量或类等
# 可以使用导入的名称直接访问，无须使用前缀
from module_name import name
# 从一个模块中导入所有定义的函数、变量和类等
# 这种方式不推荐使用，容易造成命名冲突
from module_name import *
# 给导入的模块设置一个别名，可以使用别名来代替模块名
import module_name as alias
```

3. 语法格式

作为高级程序设计语言之一的Python，与C、C++和JavaScript等语言类似，由代码缩进、变量命名、注释、行结尾和代码块等内容组成。

（1）代码缩进

在Python中，代码缩进是用来表示代码块的开始和结束的一种机制。在其他编程语言中，通常使用花括号"{}"或关键字（例如，begin/end）来表示代码块的范围，而在Python中则是通过缩进来实现。Python将缩进视为语法的一部分，并根据缩进来判断代码块的开始和结束位置。

目前，Python的缩进层次通常采用四个空格，而不是<Tab>键。这是因为不同的文本编辑器或IDE对<Tab>键的处理方式可能会有差异，导致一些混淆和错误。因此，建议使用空格来进行缩进，以避免这些问题，语法格式如下。

```
a = 10
b = 5
if a > b:
    print("a is greater than b")
else:
    print("b is greater than a")
print("end of program")
```

（2）变量命名

在Python中，变量是用来存储数据的容器。当声明一个变量并给它赋值后，该变量将持有特定的值，并可以在程序的其他部分使用。

（3）注释

注释是编程中非常重要的一部分，是在代码中添加的文本，用于解释和说明代码的功能和目的。在Python中，注释分为单行注释和多行注释两种。

1）单行注释。在Python中，单行注释使用符号"#"进行注释，在符号"#"后面的内容（包括换行符、空格等）将被视为注释，并被解释器忽略，语法格式如下。

```
# 这是一行注释
print("Hello, world!")    # 这也是一行注释
```

2）多行注释。Python中的多行注释使用三个单引号（'''）或双引号（"""）来表示，通常用于对模块、函数、类或重要代码块进行说明，语法格式如下。

```
'''
这是一个多行注释，
可以用于对代码进行简短的描述。
'''
print("Hello, world!")
```

注意，在多行注释中，三个单引号或双引号之间的所有内容都是注释，不会被解释器执行。如果需要写多个段落的注释，可以在每个段落之间添加一个空行，以提高可读性。

（4）行结尾

在Python中，每一行代码使用换行符来标记结束。这意味着，当解释器读取到一行完整的语句时，就会执行该语句，并将下一行作为新的语句进行解析。因此，在Python中，每行代码的结尾位置并不需要使用分号或其他符号进行标记，语法格式如下。

```
print("Hello, world!")
```

当需要在同一行书写多个语句时，可以使用分号";"将它们分开，语法格式如下。

```
a = 10; b = 20; c = a + b
```

（5）代码块

Python是一种使用缩进来表示代码块的语言。这意味着代码块内的所有语句都必须具有相同的缩进级别，以便Python可以识别它们属于哪个代码块。通常，在Python中使用冒号

":"来表示一个代码块的开始,然后在下一行开始缩进来表示该代码块的内容,并通过减少缩进的级别使代码块结束,语法格式如下。

```
if x > 0:
    # 这是 if 代码块
    print("x is positive")
else:
    # 这是else代码块
# 这是代码块结束
```

二、Python变量

1. 变量定义

Python变量用于存储值或对象的标识符,并可以使用变量名来访问这些值或对象。在Python中,变量可以通过赋值操作符"="来创建和初始化,并且不需要显式地声明其类型,变量的类型会取决于它引用的值或对象;其中,等号左边是变量名,右边是要存储在该变量中的值,语法格式如下。

```
x = 10
```

需要注意的是,Python变量的名称必须遵循一些规则,如下:

1)变量名区分大小写。

2)变量名只能包含字母、数字和下画线。

3)变量名不能以数字开头。

4)变量名应该清晰明确并描述其内容,而且最好使用小写字母。

5)如果变量名由多个单词组成,通常使用下画线将它们连接起来,例如,my_variable_name。

6)变量名不能是Python关键字。

2. Python关键字

在Python中,关键字是一些具有特殊含义的保留字,这些保留字用于标识语言中的特定功能和操作。关键字不能用作变量名、函数名或其他标识符。Python中常见关键字见表1-4。

表1-4 Python中常见关键字

False	class	finally	is
return	None	continue	for
lambda	try	True	def
from	nonlocal	while	and
del	global	not	with
as	elif	if	or
yield	assert	else	import
pass	break	except	in

需要注意的是,除了以上列出的关键字,Python还具有一些内置函数和模块名,这些名

称不能被用作变量名或函数名，以避免与内置名称发生冲突。Python中常用内置函数和模块名见表1-5。

表1-5　Python中常用内置函数和模块名

abs	dict	help	min
setattr	all	dir	hex
next	slice	any	divmod
id	object	sorted	ascii
enumerate	input	eval	int
open	str	bool	exec
sum	filter	pow	super
bytes	float	print	tuple
format	len	type	list
range	compile	max	round

三、Python数据类型

Python是一种动态类型语言，支持多种数据类型，包括常见的数值、字符串类型以及更复杂的数据结构，例如，列表、元组、集合和字典等。

（1）数值类型

在Python中，数值类型包括整数（int）、浮点数（float）、复数（complex）和布尔值（bool）等，详细说明如下：

1）整数（int）：表示整数数字，可以为正数、负数或零。在Python 3中，整数没有大小限制，即使计算非常大的数字也不会溢出。

2）浮点数（float）：表示带有小数部分的数字，可以为正数、负数或零。浮点数的精度取决于机器，但通常至少保留15位有效数字。

3）复数（complex）：表示具有实部和虚部的数字，格式为"x + yj"，其中x是实部，y是虚部。例如，3 + 4j是一个复数，它的实部是3，虚部是4。

4）布尔值（bool）：表示真或假的值，只有两个可能的值：True/1和False/0，常用于条件语句和循环语句中。

（2）字符串类型

Python中的字符串（string）是一种不可变的序列类型，表示一系列字符。字符串可以包含任何Unicode字符，并使用单引号、双引号或三引号来定义。

（3）列表类型

列表（list）是Python中最常用的序列类型之一，它可以存储任意数量、任意类型的元素，其中每个元素都有一个唯一的索引值（下标），从0开始计算。列表类型如下。

```
fruits = ['apple', 'banana', 'orange']
numbers = [1, 2, 3, 4, 5]
mixed = [10, 'cat', True, 3.14]
```

（4）元组类型

Python中的元组（tuple）是一种有序的、不可变的数据类型，用圆括号括起来。元组中的每个元素都可以通过索引访问，但不能修改其中的元素。它通常用于存储多个相关的值，并且具有更小的内存占用和更快的执行速度。元组类型如下。

```
fruits = ('apple', 'banana', 'orange')
numbers = (1, 2, 3, 4, 5)
mixed = (10, 'cat', True, 3.14)
```

（5）集合类型

集合（set）是Python中表示无序、不重复元素的数据结构，类似于数学中的集合概念。集合中的元素必须是可哈希（hashable）的，即不可变的对象，例如，数字、字符串和元组等，但不能包含列表、字典等可变对象。集合类型如下。

```
fruits = {'apple', 'banana', 'orange'}
numbers = {1, 2, 3, 4, 5}
mixed = {10, 'cat', True, 3.14}
```

（6）字典类型

Python中的字典（dictionary）是一种可变、无序的数据类型，字典中的元素是键值对的形式，即一个键对应一个值，键必须是不可变的类型（例如，数字、字符串和元组等），是唯一的；而对应的值可以是任意类型。字典类型如下。

```
student = {'name': 'John', 'age': 20, 'gender': 'male'}
score = dict([('Math', 90), ('English', 80), ('Science', 85)])
```

四、Python运算符

Python中，数值类型都支持标准的运算符，包括算术运算符、比较运算符、赋值运算符、逻辑运算符、位运算符、成员运算符和身份运算符。

（1）算术运算符

算术运算符用于执行基本数学运算，包括加、减、乘、除、取模和幂运算。实际使用时，算术运算符可以与变量或常量一起使用，算术运算符详细说明见表1-6。

表1-6 算术运算符

运算符	描述
+	加法，用于将两个数相加
-	减法，用于将一个数减去另一个数
*	乘法，用于将两个数相乘
/	除法，用于将一个数除以另一个数，Python 3中的除法结果都是浮点数，即使两个操作数都是整数
%	取余，用于将一个数整除以另一个数，并返回结果的余数部分
**	幂运算，用于求一个数的某个次幂的值

（2）比较运算符

比较运算符用于比较两个值之间的关系，包括等于、不等于、大于、小于、大于等于和小于等于等。每个比较运算符的结果都是一个布尔值True或False，表示比较的结果是否为真。比较运算符详细说明见表1-7。

表1-7　比较运算符

运算符	描述
==	等于，检查两个值是否相等，如果相等返回True，否则返回False
!=	不等于，检查两个值是否不相等，如果不相等返回True，否则返回False
>	大于，检查左边的值是否大于右边的值，如果是返回True，否则返回False
<	小于，检查左边的值是否小于右边的值，如果是返回True，否则返回False
>=	大于等于，检查左边的值是否大于或等于右边的值，如果是返回True，否则返回False
<=	小于等于，检查左边的值是否小于或等于右边的值，如果是返回True，否则返回False

（3）赋值运算符

Python中的赋值运算符用于给变量赋值，运算符中左右两边的操作数值不一定要相同类型，Python会自动进行类型转换。并且，赋值运算符能够简化代码和提高效率，尤其是在循环中使用时可以节省大量的代码。赋值运算符详细说明见表1-8。

表1-8　赋值运算符

运算符	描述
=	等于，将右边表达式的值赋给左边的变量
+=	加等于，将右边表达式的值加上左边变量的值，并将结果赋给左边的变量
-=	减等于，将右边表达式的值减去左边变量的值，并将结果赋给左边的变量
*=	乘等于，将右边表达式的值乘以左边变量的值，并将结果赋给左边的变量
/=	除等于，将左边变量的值除以右边表达式的值，并将结果赋给左边的变量
%=	取余等于，将左边变量的值对右边表达式的值取模，并将结果赋给左边的变量
**=	幂等于，将左边变量的值的幂运算结果和右边表达式的值进行运算，并将结果赋给左边的变量

（4）逻辑运算符

Python中的逻辑运算符能够组合一组表达式，形成一个更复杂的条件，从而判断多个表达式之间的关系，常用于条件判断或控制流程，逻辑运算符详细说明见表1-9。

表1-9　逻辑运算符

运算符	描述
and	与，只有当所有条件都为True时，才返回True
or	或，只要有一个条件为True，就返回True
not	非，取反操作，如果条件为False，则返回True，否则返回False

（5）位运算符

位运算符是一组用于对整数数据的二进制位进行操作的运算符。这些运算符作用于每个二进制位并返回一个新的整数。位运算符详细说明见表1-10。

表1-10 位运算符

运算符	描述
&	按位与，对两个数的二进制表示进行按位与操作，即只有在两个数对应的二进制位都是1时，结果的对应位才是1
|	按位或，对两个数的二进制表示进行按位或操作，即只要在两个数对应的二进制位中至少有一个是1，结果的对应位就是1
^	按位异或，对两个数的二进制表示进行按位异或操作，即只有在两个数对应的二进制位不相同时，结果的对应位才是1
~	按位取反，对一个数的二进制表示进行按位取反操作，即每个二进制位上的0变成1，1变成0
<<	左移，将一个数的二进制表示向左移动指定的位数
>>	右移，将一个数的二进制表示向右移动指定的位数

（6）成员运算符

在Python中，成员运算符用于判断一个值是否包含在一个序列中，成员运算符详细说明见表1-11。

表1-11 成员运算符

运算符	描述
in	如果一个值存在于指定的序列中，则返回True
not in	如果一个值不存在于指定的序列中，则返回True

（7）身份运算符

Python中的身份运算符主要用于比较两个对象的内存地址是否相同，而非它们的值是否相等，身份运算符详细说明见表1-12。

表1-12 身份运算符

运算符	描述
is	如果两个对象的内存地址相同，则返回True
is not	如果两个对象的内存地址不同，则返回True

五、基本输入和输出

1. 基本输入

在Python中，可以使用input()函数从标准输入（例如，终端）读取用户输入，并返回一个字符串类型的结果，语法格式如下。

input([prompt])

其中，prompt是一个可选参数，表示要在终端中显示给用户的提示信息。如果不提供该参数，则input()函数不会输出任何提示信息，直接进入等待用户输入的状态。例如，向用户提示输入他们的姓名，并根据用户的输入打印出一条问候语，代码如下。

```
name = input("请输入您的姓名：")
print("您好，" + name + "！欢迎使用 Python！")
```

2. 基本输出

Python中输出内容可以使用print()函数，用于将对象打印（输出）到标准输出（例如，终端），并在末尾添加一个换行符，语法格式如下。

```
print(objects, sep=' ', end='\n', file=sys.stdout, flush=False)
```

print()函数参数说明见表1-13。

表1-13　print()函数参数

参数	描述
objects	要打印的一个或多个对象，可以是字符串、整数、浮点数、布尔值、列表和字典等任意类型的对象。如果有多个对象，则会按照顺序依次打印
sep	可选参数，表示要使用的分隔符，默认为一个空格字符
end	可选参数，表示要在打印内容的末尾添加的字符，默认为一个换行符
file	可选参数，表示要输出到的文件对象，默认为标准输出（sys.stdout）
flush	可选参数，表示是否立即刷新缓冲区，默认为False

例如，将name、age和city这三个变量的值以及它们之间的分隔符"-"一起输出，并且不换行，代码如下。

```
name = 'Tom'
age = 18
city = 'New York'
print(name, age, city, sep='-', end='')
```

任务实施

通过对Python基础语法、变量定义和运算符使用等相关知识的学习，完成Python项目的创建，步骤如下。

第一步： 启动PyCharm。首次启动时，可以配置一些基本设置，例如，选择主题、设置键盘布局等，这里选择"Do not import settings"，即不做任何修改，PyCharm首次启动效果如图1-24所示。

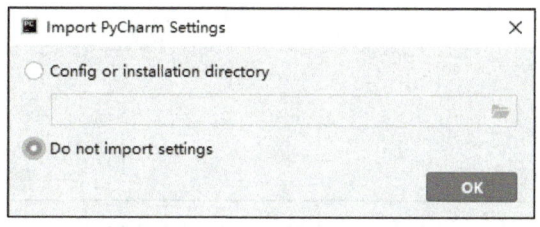

图1-24　PyCharm首次启动效果

第二步：单击"OK"按钮进入PyCharm项目管理界面，如图1-25所示。

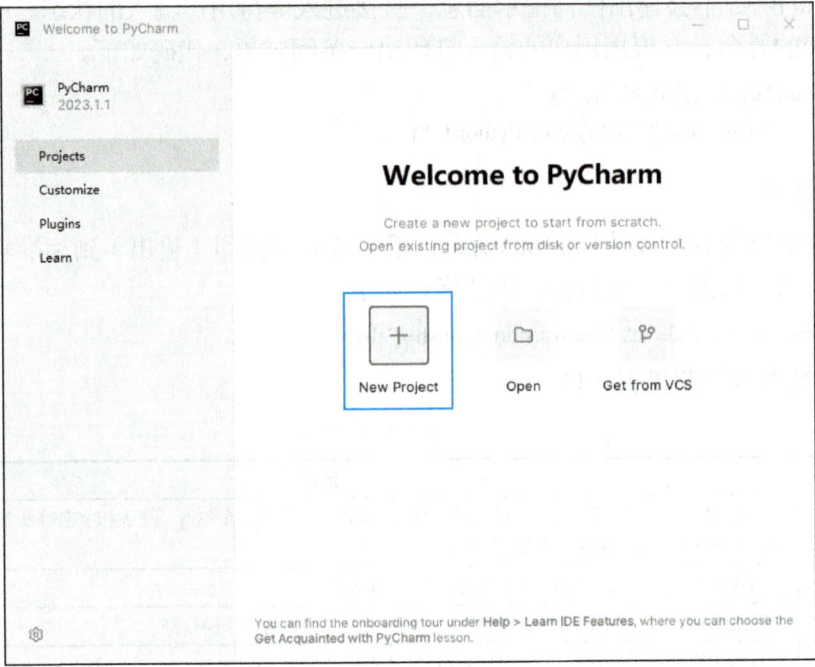

图1-25　PyCharm项目管理界面

第三步：单击"New Project"按钮进入Python项目创建界面，并在当前界面设置项目路径、名称以及Python解释器路径，Python项目创建设置，如图1-26所示。

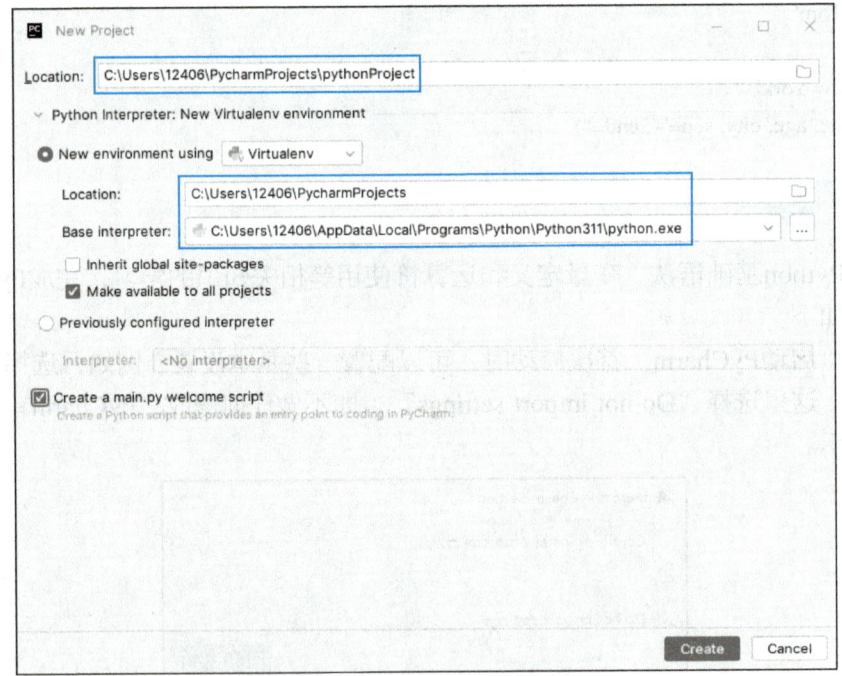

图1-26　Python项目创建设置

第四步：单击"Create"按钮进行Python项目的创建并进入PyCharm项目开发主界面，如图1-27所示。

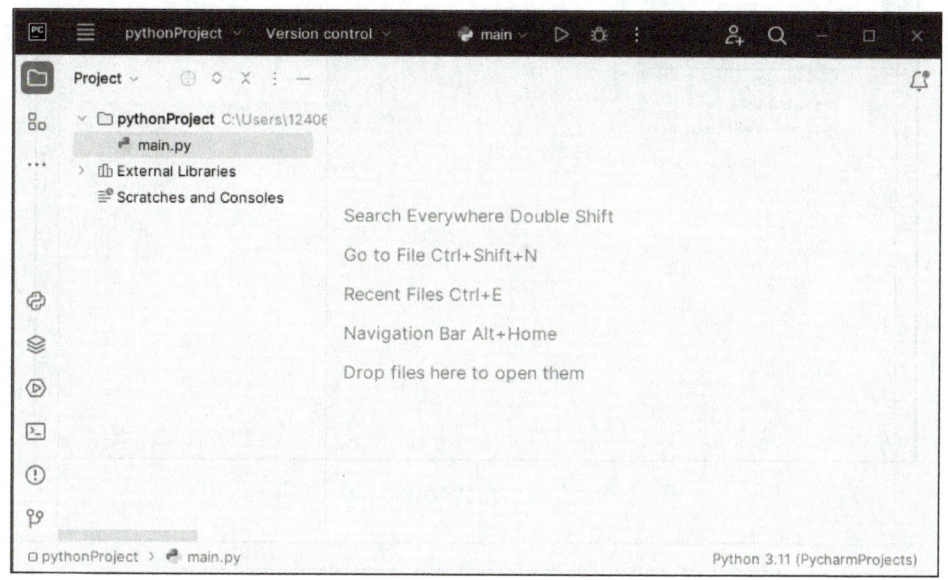

图1-27　PyCharm项目开发主界面

第五步：单击菜单按钮，之后依次单击"File"→"New..."弹出"文件创建"窗口，如图1-28所示。

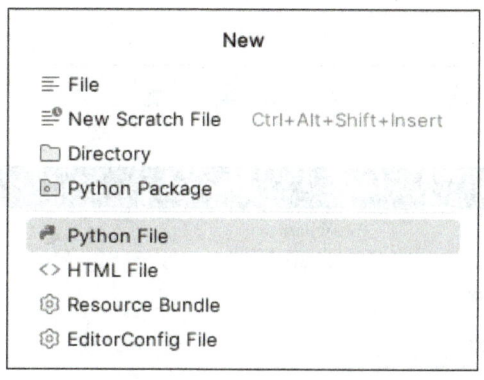

图1-28　"文件创建"窗口

第六步：选择"Python File"并输入文件名称，创建名为"firstPython.py"的Python文件，如图1-29所示。

第七步：在编码区域进行Python代码的编写，实现第一个Python程序，编写代码效果如图1-30所示。

第八步：在代码编辑区域，鼠标右键单击，弹出快捷菜单选项后，单击"Run 'firstPython'"运行当前编写的Python代码，项目运行效果如图1-31所示。

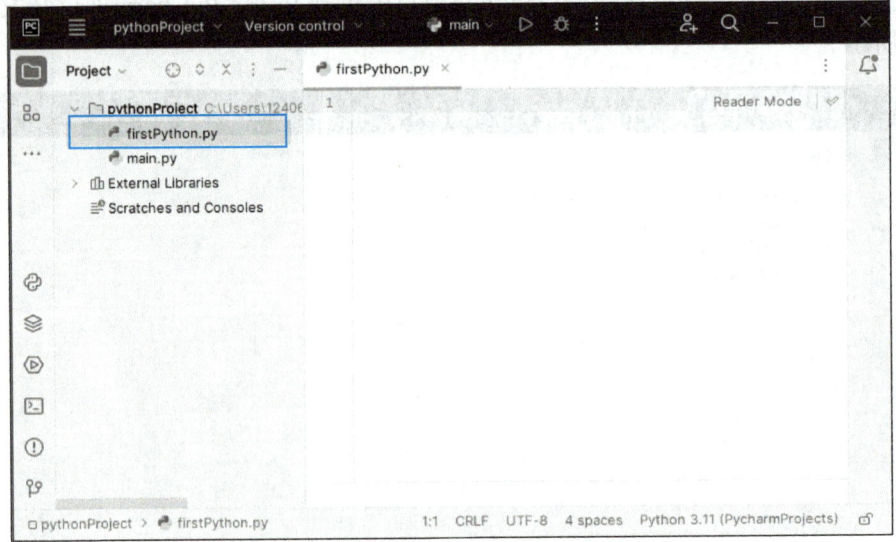

图1-29 创建"firstPython.py"文件

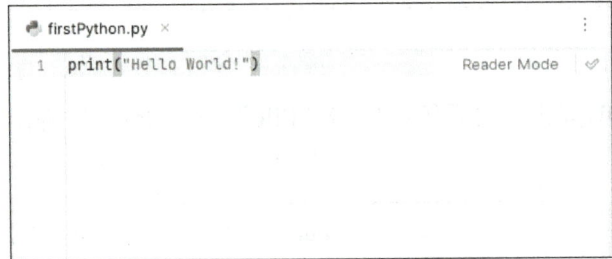

图1-30 编写代码

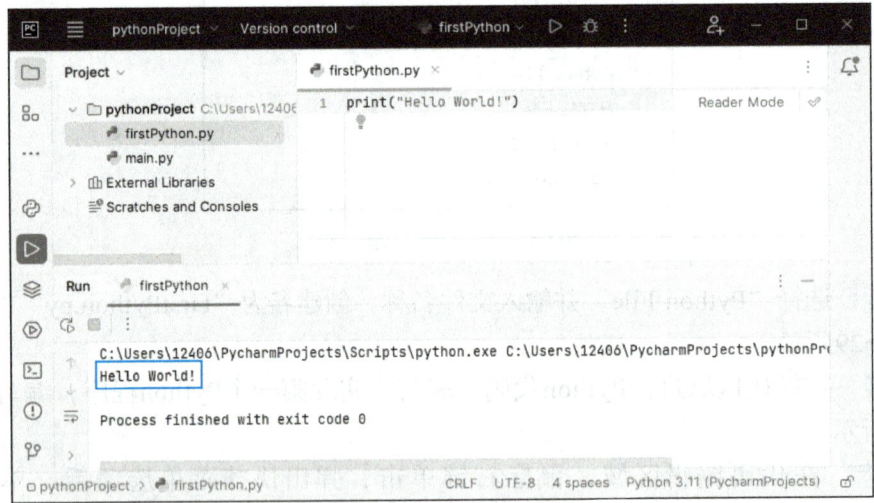

图1-31 项目运行

项目小结

本项目通过完成Python环境搭建以及项目创建的实现，熟悉了Python的特点和应用场景，熟悉了常用的编程工具，掌握了Python程序的编写方法，掌握了Python的基础语法格式、变量定义、数据类型、运算符和标准输入输出等知识，最终完成了Python程序的开发。

课后习题

1. 选择题

（1）Python是基于（　　）开发的编程语言。
　　A．C语言　　　　　　　　　　　　B．Java语言
　　C．C++　　　　　　　　　　　　　D．汇编语言
（2）UTF-8编码使用（　　）个字节表示中文字符。
　　A．2　　　　　B．3　　　　　C．4　　　　　D．5
（3）Python中的代码缩进使用（　　）。
　　A．四个半角空格　　　　　　　　　B．两个<Tab>符
　　C．四个全角空格　　　　　　　　　D．两个半角空格
（4）Python中的数值类型不包括（　　）。
　　A．string　　　B．float　　　C．bool　　　D．int
（5）以下哪个运算符表示将右边表达式的值加上左边变量的值，并将结果赋给左边变量。（　　）
　　A．++　　　　　B．=+　　　　　C．+=+　　　　D．+=

2. 判断题

（1）ASCII是一种最早的字符编码方式，它使用16位二进制数表示所有的字符。
　　　　　　　　　　　　　　　　　　　　　　　　　　　　　　　　　（　　）
（2）ISO 8859-1是一种单字节编码方式，支持西欧语言字符集，包括英文、德文、法文、西班牙文等。　　　　　　　　　　　　　　　　　　　　　　　　（　　）
（3）在Python中，单行注释使用符号"#"进行注释。　　　　　　　（　　）
（4）在Python中，数值类型包括整数（int）、浮点数（float）、复数（complex）和布尔值（bool）。　　　　　　　　　　　　　　　　　　　　　　　　　（　　）
（5）Python中的字符串（string）是一种可变序列类型，表示一系列字符。（　　）

3. 简答题

（1）简述Python特点。

（2）列出模块引入方法。

学习评价

通过学习本项目，看自己是否掌握了以下技能，在技能检测表中标出已掌握的技能。

评价标准	个人评价	小组评价	教师评价
（1）能够安装Python开发环境			
（2）能够完成第一个Python程序的开发			

注：A为能做到；B为基本能做到；C为部分能做到；D为基本做不到。

项目 2

定义数据结构存储数据

项目导言

在使用Python编写一个程序完成指定任务时,使用基础的语法、数据类型和变量定义是远不能满足需求的,当遇到需要保存一组数据时,根据数据量创建与数据量一致的变量显然是不现实的,不但耗时费力,还会使程序运行占用大量内存,影响程序运行速度,在这种情况下,可通过使用Python中的字符串、列表、元组、字典和集合去解决,本项目主要通过对数据结构存储数据的知识进行讲解,解决存储一组数据的问题。

学习目标

- 了解Python中的数据结构;
- 熟悉数据结构存储的数据类型;
- 掌握各数据结构的创建和操作方法;
- 掌握使用各数据结构存储数据的应用场景;
- 具备根据不同场景选择数据结构的能力;
- 具备创建和管理数据结构的能力;
- 具备使用数据结构存储数据的能力;
- 具有良好的人际沟通能力和交往能力;
- 具有较强的适应能力;
- 具有吃苦耐劳的精神;
- 具备良好的心理素质。

任务1 定义字符串

任务描述

Python字符串是一组字符序列，通常用引号括起来表示。字符串通常只适用于一些简单的字符串连接操作，而不适用于复杂的字符串格式化操作。本任务主要通过字符串及其相关方法完成命令行文本编辑器制作。在任务实施案例的实现过程中，熟悉字符串的定义、内置方法使用，并掌握字符串操作符使用、格式化以及编码转换功能的实现。

字符串是由若干个字符组成的一个具有特殊意义的文字，也只有多个字符配合起来才能正确表达想要表达的意思，我们也是一样的，我们属于一个集体，集体的力量远远要大于个人力量，团队团结能够攻克技术难题，民族团结能够使国家富强。

知识准备

一、字符串内置方法

在Python中，字符串是一种常用的数据类型，可通过多种创建字符串的方式，包括单引号、双引号和三引号方式。其中，单引号和双引号只能对单行字符串进行定义，而三引号可以创建多行字符串，语法格式如下。

s1 = 'Hello World!'
s2 = "Python is easy to learn."
s3 = '''This is a multiline string.
You can use three single quotes or three double quotes to create it.'''

在字符串定义后，即可通过Python提供的多种字符串内置方法对字符串进行操作，包括字符串查找、替换和分割等，常用字符串内置方法见表2-1。

表2-1 常用字符串内置方法

方法	描述
find()	查找字符串
count()	统计字符串
replace()	替换字符串
split()	分割字符串
join() / +	连接字符串
strip()	去除字符串指定字符
isalpha()	判断字符串是否只包含字母字符
isdigit()	判断字符串是否只包含数字字符
isalnum()	判断字符串是否只包含字母和数字字符
lower()	将字符串中的所有字母转换为小写字母
upper()	将字符串中的所有字母转换为大写字母
capitalize()	将字符串第一个字符转换为大写字母，其他字符转换为小写字母
title()	将字符串中每个单词的首字母都转换为大写字母

（1）字符串查找

在Python中，使用find()方法可以在字符串中从开头到结尾查找指定子字符串的位置，如果存在，则返回子字符串第一次出现的索引位置（下标），如果没有找到则返回-1，语法格式如下。

str.find(sub[, start[, end]])

find()方法参数说明见表2-2。

表2-2　find()方法参数

参数	描述
str	要搜索的字符串
sub	要查找的子字符串
start	查找子字符串的起始位置
end	查找子字符串的结束位置

例如，使用find()方法在"Hello, World!"中查找字符串"o""World"和"Python"等，代码如下。

```
s = 'Hello, World!'
print(s.find('o'))  # 输出：4
print(s.find('World'))  # 输出：7
print(s.find('Python'))  # 输出：-1
print(s.find('o', 5, 10))  # 输出：7
```

（2）字符串统计

字符串统计指在字符串中区分大小写（大写字母和小写字母被认为是不同的字符）统计指定子字符串出现的次数。Python中，可使用count()方法实现，接受参数与find()方法基本相同，语法格式如下。

str.count(sub[, start[, end]])

例如，使用count()方法统计字母o在字符串"Hello, World!"中出现的次数，代码如下。

```
s = 'Hello, World!'
print(s.count('o'))  # 输出：2
```

（3）字符串替换

Python提供了一个replace()方法，可以将字符串中某个子字符串替换成另一个字符串，并返回替换后的完整字符串，而原始字符串并没有被修改，语法格式如下。

str.replace(old, new[, count])

replace()方法参数说明见表2-3。

表2-3　replace()方法参数

参数	描述
str	要搜索的字符串
old	要被替换的子字符串
new	替换后的新字符串
count	最多替换的次数，如果省略，则会将所有的旧字符串都替换为新字符串

例如，使用replace()方法将字符串"Hello, World!"中的子字符串"World"替换为"Python"，代码如下。

```
s = 'Hello, World!'
new_s = s.replace('World', 'Python')
print(new_s)  # 输出：Hello, Python!
```

（4）字符串分割

Python字符串类型中提供了一个split()方法用于分割字符串，会将一个字符串按指定分隔符分割成多个子串，并以列表的形式返回所有子字符串，语法格式如下。

```
str.split([sep[, maxsplit]])
```

split()方法参数说明见表2-4。

表2-4　split()方法参数

参数	描述
str	要分割的字符串
sep	分隔符，默认是空格字符
maxsplit	最多分割的次数，默认是-1，表示分割所有子字符串

例如，使用split()方法指定分隔符为逗号、字母o实现字符串"Hello, World!"的分割操作，代码如下。

```
s = 'Hello,World!'
# 无分割符，返回原始字符串的列表形式
print(s.split())  # 输出：['Hello,World!']
# 分隔符为逗号
print(s.split(','))  # 输出：['Hello', 'World!']
# 分隔符为字母o
print(s.split('o'))  # 输出：['Hell', ',W', 'rld!']
# 分隔符为字母o，并且限定最大分割次数为1
print(s.split('o', 1))  # 输出：['Hell', ',World!']
```

（5）字符串连接

在Python中，字符串的连接操作有两种方式，分别是使用加号（+）和join()方法。其中，使用加号（+）方式可以将两个或多个字符串连接起来成为一个新的字符串。例如，使用加号（+）将字符串"Hello"和"World"连接起来，代码如下。

```
a = 'Hello'
b = 'World'
c = a + ' ' + b
print(c)  # 输出：'Hello World'
```

需要注意的是，使用加号（+）连接字符串对于少量的字符串无伤大雅，但对于大量的字符串连接操作，会导致大量的临时变量和内存开销。因此，在需要进行大量字符串连接操作时，通常使用join()方法将多个字符串连接成一个新的字符串，并返回连接后的字符串，语法格式如下。

```
sep.join(iterable)
```

join()方法参数说明见表2-5。

表2-5　join()方法参数

参数	描述
sep	分隔符，默认是空格字符
iterable	表示要连接的序列或者可迭代对象，例如，列表、元组等

例如，使用join()方法将字符串"apple""banana"和"orange"以逗号（","）和空格为分隔符连接起来，代码如下。

```
lst = ['apple', 'banana', 'orange']
s = ', '.join(lst)
print(s)  # 输出： 'apple, banana, orange'
```

需要注意的是，join()方法只能用于字符串之间的连接，如果需要将其他类型的数据转换成字符串并连接，需要先使用相应的转换函数（例如，str()函数）将其转换成字符串类型。

二、字符串操作符

在Python中，字符串操作符是一种用于对字符串进行操作的特殊语法，例如，加号（+）可以连接两个字符串，返回一个新的字符串，除此之外，Python还支持其他多种操作符，见表2-6。

表2-6　字符串操作符

操作符	描述
*	将一个字符串重复多次，返回一个新的字符串
[]	通过下标获取字符串中指定位置的字符或者子串，返回一个单个字符或子串的新字符串
[:]	切片操作符，用于提取子串，返回一个新的子串字符串
in	判断一个字符串是否包含另一个子串，返回True或False
not in	判断一个字符串是否不包含另一个子串，返回True或False

例如，使用字符串操作符来连接和重复字符串，代码如下。

```
str1 = "Hello"
str2 = "World"
# 使用 + 连接两个字符串
result1 = str1 + " " + str2
print(result1) # 输出: "Hello World"
# 使用 * 重复字符串
result2 = str1 * 3
print(result2) # 输出: "HelloHelloHello"
```

三、字符串格式化

Python字符串格式化是一种将值插入字符串中的方法。字符串格式化可以将各种数据类型插入字符串中，例如，数字、字符串和列表等。Python中支持多种字符串格式化的方式,例如,使用百分号(%)进行字符串格式化、使用format()方法进行字符串格式化和使用f-string进行字符串格式化等。

(1)使用百分号(%)进行字符串格式化

该方式常被称为"旧式字符串格式化",它使用百分号(%)作为占位符,将要插入的变量放在字符串中的占位符位置,语法格式如下。

print("格式字符串" % 值)

其中,格式字符串包含一个或多个占位符,代表需要插入值的位置,常用字符串格式化占位符见表2-7。

表2-7 常用字符串格式化占位符

占位符	描述
%s	字符串(无论是字符串对象还是其他类型的对象)
%d	有符号整数
%f	浮点数
%e	科学计数法表示的浮点数
%x	十六进制整数(字母小写)
%X	十六进制整数(字母大写)
%%	输出%字符本身
%.Mf	格式化为浮点数,保留M位小数
%.Me 或 %.ME	格式化为科学计数法(e表示小写字母,E表示大写字母),保留M位小数
%.Nm	格式化为整数,至少占N位,不足部分使用0填充

例如,使用百分号(%)将整数和浮点数插入字符串中,代码如下。

my_int = 42
my_float = 3.14
result = "The int value is %d, the float value is %.2f" % (my_int, my_float)
print(result) # 输出:'The int value is 42, the float value is 3.14'

(2)使用format()方法进行字符串格式化

Python中的format()方法用于格式化字符串,它使用大括号"{}"作为占位符来指示将要插入值的位置,然后在format()方法中传递相应的参数来填充这些占位符,语法格式如下。

'{} {}'.format(arg1, arg2)

其中,"{}"表示要插入字符串中的参数的位置,"arg1"和"arg2"表示要插入的参数,可以是任意类型的变量,包括字符串、数字和布尔类型等。需要注意的是,"arg1"和"arg2"的个数可以是任意多个,可以按照顺序依次插入字符串中。

除了使用上述方法按照顺序进行插入,也可以通过指定位置进行插入,语法格式如下。

'{0} {1}, {2}'.format(arg1, arg2, arg3)

其中,{0}表示要插入的第一个参数,{1}表示要插入的第二个参数,{2}表示要插入的第三个参数,对应的参数是arg1、arg2和arg3。

除了按照位置进行插入，也可以按照关键字进行插入，语法格式如下。

'{key1}{key2}'.format(key1=value1, key2=value2)

其中，{key1}表示要插入的关键字参数key1，{key2}表示要插入的关键字参数key2。

在进行格式化输出时，还可以使用一些常用的类型选项，例如，{:d}表示要将参数作为整数进行格式化，{:f}表示要将参数作为浮点数进行格式化，需要注意的是，这些类型选项可以和其他修饰符一起使用，常用格式化输出类型选项见表2-8。

表2-8 常用格式化输出类型选项

选项	描述
{}	默认类型，表示自动根据变量类型进行转换
{:<N}	左对齐，并且占N个字符的位置
{:>N}	右对齐，并且占N个字符的位置
{:^N}	居中对齐，并且占N个字符的位置
{:.Mf}	格式化为浮点数，保留M位小数
{:.Me} 或 {:.ME}	格式化为科学计数法（e表示小写字母，E表示大写字母），保留M位小数
{:.Nm}	格式化为整数，至少占N位，不足部分使用0填充（例如，{:.2d}表示至少占2位的整数，不足部分使用0填充）
{:X} 和 {:x}	将整数转换为十六进制数（大写或小写）

除了上述类型选项外，还有一些修饰符可以用来指定输出的格式，常用输出格式修饰符见表2-9。

表2-9 常用输出格式修饰符

修饰符	描述
:	是类型选项的分隔符，将类型选项和修饰符分开
,	在整数中使用逗号作为千位分隔符（例如，{:,d}表示将整数格式化为千位分隔数字）
_	在浮点数中使用下画线作为千位分隔符（例如，{:_f}表示使用下画线作为千位分隔符显示浮点数）

例如，使用format()将整数和浮点数插入字符串中，代码如下。

my_int = 42
my_float = 3.14
result = "The int value is {}, the float value is {:.2f}".format(my_int, my_float)
print(result) # 输出：'The int value is 42, the float value is 3.14'

（3）使用f-string进行字符串格式化

相比于前两种字符串格式化方法，使用f-string进行字符串格式化的方式仅适用于Python 3.6及以上版本，是一种非常方便和直观的字符串格式化方式，使用f-string标记（在字符串前添加字母"f"）以及大括号"{}"表示占位符。例如，使用f-string将整数和浮点数插入字符串中，代码如下。

my_int = 42
my_float = 3.14
result = f"The int value is {my_int}, the float value is {my_float:.2f}"
print(result) # 输出：'The int value is 42, the float value is 3.14'

四、字符串编码转换

在Python中，除了使用注释对编码格式进行指定外，还可以使用内置的encode()和decode()方法来进行Python中字符串编码的转换。

（1）encode()

encode()是Python中用于将字符串编码为字节序列的方法，能够将Unicode字符串转换为指定编码格式（例如，UTF-8）的字节序列，以便在网络传输或文件存储等场景下使用，语法格式如下。

str.encode(encoding='UTF-8', errors='strict')

encode()方法参数说明见表2-10。

表2-10　encode()方法参数

参数	描述
encoding	可选，指定要使用的字符编码，默认值为"UTF-8"
errors	可选，指定编码错误时的处理方式，默认值为"strict"，表示抛出一个UnicodeError异常，其他可选值如下： ignore：在忽略无法编码的字符时不抛出异常 replace：在无法编码的字符处使用"?"替代原字符 xmlcharrefreplace：使用XML实体替换无法编码的字符

例如，使用encode()方法将字符串"你好，世界！"转换为"UTF-8"格式，代码如下。

```
text = "你好，世界！"
byte_text = text.encode("UTF-8")
print(byte_text) # 输出: b'\xe4\xbd\xa0\xe5\xa5\xbd\xef\xbc\x8c\xe4\xb8\x96\xe7\x95\x8c\xef\xbc\x81'
```

（2）decode()

decode()方法功能与encode()方法功能相反，是Python中内置的用于将字节串解码为Unicode字符串的方法，语法格式如下。

bytes.decode(encoding='UTF-8', errors='strict')

例如，使用decode()方法将字符串转换为Unicode字符串，代码如下。

```
byte_text = b'\xe4\xbd\xa0\xe5\xa5\xbd\xef\xbc\x8c\xe4\xb8\x96\xe7\x95\x8c\xef\xbc\x81'
text = byte_text.decode("UTF-8")
print(text) # 输出: 你好，世界！
```

任务实施

通过对字符串等相关知识的学习，完成命令行文本编辑器制作，用户可以输入命令来实现添加、删除和展示文本内容等功能，步骤如下。

扫码观看视频

第一步：初始化一个空的文本字符串"text"，代码如下。

```
# 建立空的文本字符串
text = ''
```

第二步：进入一个无限循环，等待用户输入命令，代码如下。

```
# 建立循环，等待用户输入命令
while True:
    command = input('请输入要执行的命令（a-添加文本，d-删除文本，s-展示文本，q-退出程序）：')
```

等待用户输入效果如图2-1所示。

```
C:\Users\12406\AppData\Local\Programs\Python\Python311\python
 .exe C:\Users\12406\Desktop\pythonProject\str.py
请输入要执行的命令（a-添加文本，d-删除文本，s-展示文本，q-退出程序）：
```

图2-1 等待用户输入

第三步：用户输入命令“a”时，程序要求用户输入要添加的文本，将其添加到原文本字符串“text”中，如果添加的文本包含敏感词汇，则将敏感词汇替换为“*”，代码如下。

```
    if command.lower() == 'a':
        addition = input('请输入要添加的文本：')
        # 指定敏感词列表
        sensitive_words = ['敏感词1', '敏感词2', '敏感词3']
        for word in sensitive_words:
            # 用“*”替换敏感词
            addition = addition.replace(word, '*')
        text += addition
```

添加文本效果如图2-2所示。

```
C:\Users\12406\AppData\Local\Programs\Python\Python311\python
 .exe C:\Users\12406\Desktop\pythonProject\str.py
请输入要执行的命令（a-添加文本，d-删除文本，s-展示文本，q-退出程序）：a
请输入要添加的文本：text
请输入要执行的命令（a-添加文本，d-删除文本，s-展示文本，q-退出程序）：
```

图2-2 添加文本

第四步：用户输入命令“s”时，程序输出整个文本字符串“text”到控制台上，代码如下。

```
    elif command.lower() == 's':
        print(text)
```

查看文本效果如图2-3所示。

```
C:\Users\12406\AppData\Local\Programs\Python\Python311\python
 .exe C:\Users\12406\Desktop\pythonProject\str.py
请输入要执行的命令（a-添加文本，d-删除文本，s-展示文本，q-退出程序）：a
请输入要添加的文本：text
请输入要执行的命令（a-添加文本，d-删除文本，s-展示文本，q-退出程序）：s
text
请输入要执行的命令（a-添加文本，d-删除文本，s-展示文本，q-退出程序）：
```

图2-3 查看文本

第五步：用户输入命令"d"时，程序要求用户输入要删除的文本的起始和结束位置，将这段文本从"text"中删除，如果用户执行了删除操作，将删除记录写入日志文件，代码如下。

```
elif command.lower() == 'd':
    start = int(input('请输入要删除的文本的起始位置（从0开始）：'))
    end = int(input('请输入要删除的文本的结束位置（不包含该位置）：'))
    # 待删除的文本
    deleted_text = text[start:end]
    text = text[:start] + text[end:]
    # 将删除记录写入日志文件
    with open('log.txt', 'a') as f:
        f.write(f'Deleted text: {deleted_text}\n')
```

删除文本效果如图2-4所示。

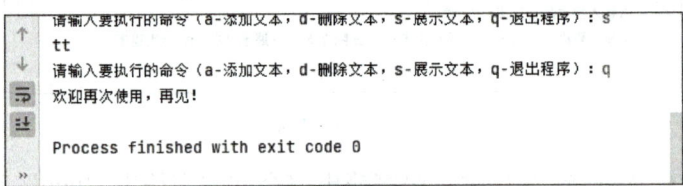

图2-4　删除文本

第六步：用户输入命令"q"，则结束程序，代码如下。

```
elif command.lower() == 'q':
    print('欢迎再次使用，再见！')
    break
```

退出程序效果如图2-5所示。

图2-5　退出程序

任务2　定义列表

任务描述

列表是Python编程语言中一种非常常用的数据结构，它可以存储多个值，并且这些值可以是不同类型的。列表中的每个值都有一个唯一的索引，可以使用该索引来访问、修改或删除该值。本任务主要完成列表的操作，在任务实施的过程中，熟悉列表的创建和访问，掌握列表元素的修改以及内置方法的使用。

Python中的列表是一个能够包含不同数据类型元素的集合，允许列表中的元素具有差异化，这样才能更加便于我们使用，例如，一个产品的参数，里面可能包含字符串类型的产品名称、数值类型的尺寸等，多种数据类型结合才能够完整描述这个产品，这体现了列表的包容性。我们在生活和工作中也要有一定的包容心允许有对事物的不同看法，才能够对事物有正确的认识。

知识准备

一、列表创建和访问

Python中的列表是一种用于存储多个数据项的有序集合，它可以容纳不同类型的数据项，包括整型、浮点数、字符串、布尔值和对象等。Python列表与其他语言中的数组类似，但其具有更强的灵活性和动态性。

1. 列表创建

目前，列表的创建方式有多种，例如，使用方括号"[]"和使用内置函数list()。其中，最常见的方式是使用方括号"[]"将元素括起来，并用逗号","分割。例如，创建一个包含整数、字符串和布尔值的列表，代码如下。

my_list = [1, 2, 3, "hello", True]

而使用内置函数list()则可以将其他可迭代对象（例如，列表、元组、集合、字典（返回键值对的列表）和字符串等）转换为列表并返回，如果传递的参数不可迭代，将会出现TypeError错误；list()函数不带参数时，则会返回一个空的列表。例如，将元组转换为列表，代码如下。

my_list = list((1, 2, 3))

2. 列表访问

在Python中，由于列表是有序集合，每个元素都有一个对应的索引，因此可以使用索引来访问列表中的元素。目前，根据列表中访问元素的数量不同，有单个元素访问和多个元素访问两种。

（1）单个元素访问

Python中单个元素访问通过中括号"[]"结合索引实现，索引从0开始，也就是第一个元素的索引是0，第二个元素的索引是1，以此类推。并且，除了正向索引之外，Python还支持负向索引，表示从列表末尾开始计算的位置，即从后往前计数，例如，-1表示最后一个元素。Python中单个元素访问语法格式如下。

my_list[index]

其中，index是要访问的元素的索引值；如果index超出了列表的范围，将会抛出IndexError异常。

例如，创建列表mylist并访问单个元素，代码如下。

```
mylist = ['apple', 'banana', 'orange']
print(mylist[0]) # 输出 'apple'
print(mylist[-1]) # 输出 'orange'
```

（2）多个元素访问

除了单个元素之外，Python还支持通过切片（slice）操作访问列表中的多个元素，并返回一个新的列表，其中包含了原始列表中指定范围内的元素。在实现切片时，使用冒号"："分隔起始位置和结束位置，表示取出从起始位置到结束位置之间的所有元素（不包括结束位置），语法格式如下。

my_list[start:end:step]

切片操作参数说明见表2-11。

表2-11 切片操作参数

参数	描述
start	表示开始的索引值（包含在结果中），如果省略，则默认从列表头开始
end	表示结束的索引值（不包含在结果中），如果省略，则默认到列表尾结束
step	表示步长，如果省略，则默认为1

例如，创建列表mylist并使用切片操作访问多个元素，代码如下。

```
mylist = ['apple', 'banana', 'orange', 'grape', 'pear']
print(mylist[1:3]) # 输出 ['banana', 'orange']
print(mylist[:3]) # 输出 ['apple', 'banana', 'orange']
print(mylist[3:]) # 输出 ['grape', 'pear']
print(mylist[::2]) # 输出 ['apple', 'orange', 'pear']
```

二、列表元素修改

在Python中，列表是可变的（Mutable），即列表中的元素可以被修改。要修改列表中的某个元素，可以使用索引或切片操作来定位该元素，然后直接赋值即可，语法格式如下。

my_list[index] = new_value

列表元素修改参数说明见表2-12。

表2-12 列表元素修改参数

参数	描述
my_list	要修改的列表
index	要修改的元素的索引位置
new_value	要用来替换原始值的新值

例如，使用索引方式修改列表my_list的第1个元素（即索引为0的元素）并将其替换为字符串"pear"，以及使用切片操作选取了多个元素并赋值，代码如下。

```
my_list = ['apple', 'banana', 'orange', 'grape', 'pear']
my_list[0] = 'pear'
```

```
print(my_list) # 输出 ['pear', 'banana', 'orange', 'grape', 'pear']
my_list[1:4] = ['watermelon', 'kiwi']
print(my_list) # 输出 ['pear', 'watermelon', 'kiwi', 'pear']
```

三、列表内置方法

目前，除了list()方法外，Python还内置了许多与列表相关的方法，这些方法能够方便地对列表进行操作，例如，添加、删除、查找和统计等，常用列表内置方法见表2-13。

表2-13 常用列表内置方法

方法	描述
len(list)	返回给定列表中元素的数量（或长度）。它通常用于确定列表的大小以及在循环过程中使用
list.append(item)	可以在不知道列表的长度的情况下，动态地向列表中添加元素。该方法接受一个参数，即要添加的元素。并且，该方法会修改原始列表，而且只能一次添加一个元素，如果需要添加多个元素，则需要多次调用该方法
list.extend(iterable)	用于将可迭代对象iterable中的所有元素一次性地添加到列表的末尾
list.insert(index, item)	用于在指定索引处向列表中插入一个新元素，其中，index是要插入新元素的索引，item是要插入的新元素
list.pop([index])	可以从列表中任意位置移除一个元素，并返回被移除的元素。其中，index表示要移除元素的索引，如果省略，则默认移除并返回列表中的最后一个元素
list.remove(item)	用于从列表中移除指定的元素。其中，item表示要从列表中移除的元素值
list.index(item)	用于获取列表中指定元素的索引，如果找不到索引，则会引发ValueError异常。其中，item表示要查找的元素值
max(list)	用于获取列表中的最大值，如果列表中的元素类型不同，则会根据默认规则进行比较。例如，数字会优先于字符串进行比较，字符串会根据字母表顺序进行比较
min(list)	用于获取列表中的最小值
sum(list[,start])	用于计算列表中所有元素的和。其中，list表示计算和的列表，start是可选参数，表示求和的初始值，如果不提供默认认为0
list.count(item)	用于统计列表中指定元素出现的次数。其中，item为要统计出现次数的元素值
sorted(list,reverse=False)	按照升序或降序对列表进行排序，并返回新的已排序的列表。其中，list表示计算列表；reverse表示排序方式，默认为False，表示升序排列
list.sort(key=None,reverse=False)	按照升序或降序对列表进行排序，并对原列表进行修改。其中，key表示用于排序的函数，而reverse表示是否按照降序排列
list.reverse()	仅对列表中的元素顺序进行反转，并对原列表进行修改，而不会在元素上执行任何排序操作

例如，分别使用不同的内置方法对列表进行操作，代码如下。

```
numbers = [1, 2, 3]
print(len(numbers)) # 输出 3
print(numbers.append(4)) # 输出 [1, 2, 3, 4]
print(numbers.extend([5, 6])) # 输出 [1, 2, 3, 4, 5, 6]
print(numbers.insert(3, 7)) # 输出 [1, 2, 3, 7, 4, 5, 6]
print(numbers.pop([0])) # 输出 [2, 3, 7, 4, 5, 6]
print(numbers.remove(6)) # 输出 [2, 3, 7, 4, 5]
print(numbers.index(3)) # 输出 1
print(max(numbers)) # 输出 7
```

```
print(min(numbers)) # 输出 2
print(sum(numbers)) # 输出 21
print(numbers.count(7)) # 输出 1
print(sorted(numbers,reverse=False)) # 输出 [2, 3, 4, 5, 7]
print(numbers.sort(reverse=True)) # 输出 [7, 6, 4, 3, 2]
print(numbers.reverse()) # 输出 [5, 4, 7, 3, 2]
```

任务实施

扫码观看视频

通过对列表创建和访问、列表元素修改以及列表内置方法使用等相关知识的学习，完成列表的操作，步骤如下。

第一步：创建一个空列表，代码如下。

```
my_list = []
```

第二步：向列表中添加元素，代码如下。

```
my_list.append("apple")
my_list.append("banana")
my_list.append("cherry")
```

第三步：输出列表中的所有元素，代码如下。

```
print("List items:")
for item in my_list:
    print(item)
```

输出列表中所有元素效果如图2-6所示。

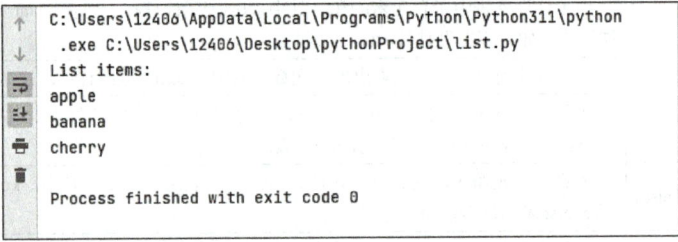

图2-6 输出列表中所有元素

第四步：输出列表中元素的数量，代码如下。

```
print("Number of items in list:", len(my_list))
```

输出列表中元素数量效果如图2-7所示。

图2-7 输出列表中元素数量

第五步：检查列表中是否存在"banana"元素，代码如下。

```
if "banana" in my_list:
    print("Yes, 'banana' is in the list")
```

检查元素是否存在效果如图2-8所示。

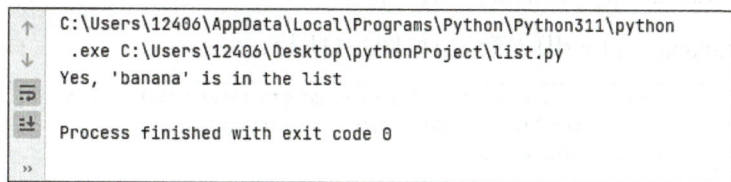

图2-8　检查元素是否存在

第六步：插入元素到指定位置，代码如下。

```
my_list.insert(1, "orange")
```

第七步：移除元素"apple"，代码如下。

```
my_list.remove("apple")
```

第八步：切片操作查看元素，代码如下。

```
my_list = my_list[1:3]
# 遍历列表并打印元素
for i in my_list:
    print(i)
```

切片操作查看元素效果如图2-9所示。

```
C:\Users\12406\AppData\Local\Programs\Python\Python311\python
.exe C:\Users\12406\Desktop\pythonProject\list.py
banana
cherry

Process finished with exit code 0
```

图2-9　切片操作查看元素

第九步：统计元素"cherry"出现的次数，代码如下。

```
print("number of cherry:", my_list.count("cherry"))
```

统计元素"cherry"出现的次数效果如图2-10所示。

```
C:\Users\12406\AppData\Local\Programs\Python\Python311\python
.exe C:\Users\12406\Desktop\pythonProject\list.py
number of cherry: 1

Process finished with exit code 0
```

图2-10　统计元素"cherry"出现的次数

第十步： 向列表中追加列表数据，代码如下。

```
new_list = ["grape", "lemon"]
my_list += new_list
```

第十一步： 获取元素"banana"的索引位置，代码如下。

```
print("Index of 'banana':", my_list.index("banana"))
```

获取元素"banana"的索引位置效果如图2-11所示。

```
C:\Users\12406\AppData\Local\Programs\Python\Python311\python
.exe C:\Users\12406\Desktop\pythonProject\list.py
Index of 'banana': 0

Process finished with exit code 0
```

图2-11　获取元素"banana"的索引位置

第十二步： 新建一个列表，将原列表元素都转成大写字母再倒序追加到新列表中，最后输出新列表，代码如下。

```
new_list = []
for i in my_list:
    new_list.append(i.upper())
new_list.reverse()
print(new_list)
```

获取新生成列表效果如图2-12所示。

```
C:\Users\12406\AppData\Local\Programs\Python\Python311\python
.exe C:\Users\12406\Desktop\pythonProject\list.py
['LEMON', 'GRAPE', 'CHERRY', 'BANANA']

Process finished with exit code 0
```

图2-12　获取新生成列表

任务3　定义元组

任务描述

元组（Tuple）是Python编程语言中的一种基本数据类型，类似于列表，可以存储多个任意类型的元素，但不同之处在于元组是不可变的，即定义后不能更改。本任务主要通过元组完成学生课程成绩的管理任务，在任务实施的过程中，熟悉元组的创建和访问，掌握元组中元素的删除以及内置方法的使用。

元组中的元素是有序排列的并且类型是不可变的，每个元素都有自己的位置和访问方法，这些元素通过有序地排列为一个整体才具备一定的价值，做人的道理也是一样，我们要时刻具备团结意识、民族互助意识，利用我们所学的知识助力民族共同发展和进步。

知识准备

一、元组创建和访问

在Python中，元组（tuple）是一种有序、不可变的数据类型，可以用来存储一组数据。尽管元组跟列表非常类似，并且都是Python中的序列类型，它们的共同点是可以存储多个元素，并且支持索引和切片操作。但是，列表和元组也有一些重要的区别，如下：

1）最显著的区别是，列表是可变的序列，而元组是不可变的序列，这意味着列表中的元素可以随意添加、删除或更改，而元组中的元素则不能更改。

2）由于列表是可变序列，因此在对其进行操作时会重新分配内存空间，而元组则不需要重新分配内存空间。因此，在只需要读取元素时，使用元组可能会更加高效。

3）列表具有各种内置方法（例如，append()和remove()），可以方便地对其进行修改，而元组则没有这些方法。

1. 元组创建

元组的定义方式与列表类似，使用逗号","分隔不同的元素，并使用圆括号将元素括起来进行定义。并且，元组中的元素可以是不同类型的，例如，整数、浮点数、字符串、列表和元组等。例如，创建一个包含三个整数的元组，代码如下。

```
tup = (1, 2, 3)
```

需要注意的是，如果定义只包含一个元素的元组，需要在元素后加一个逗号，否则Python 会将其视为一个单独的值，而非元组。例如，创建一个包含一个整数的元组，代码如下。

```
tup = (1,3)
```

在Python中，除了使用圆括号外，还可以使用tuple()方法来创建元组，该方法会将一个可迭代对象（例如，列表、字符串等）转换为元组，语法格式如下。

```
tuple(iterable)
```

其中，iterable即为可迭代对象。例如，将列表转换为元组，代码如下。

```
lst = [1, 2, 3]
tup = tuple(lst)
```

2. 元组访问

与列表中元素的访问相同，Python中元组中元素的访问同样通过索引和切片操作实现。例如，创建元组并访问第一个元素、最后一个元素以及从第二个元素到第四个元素，代码如下。

```
tup = (1, 2, 3, 4, 5)
print(tup[0]) # 输出1
print(tup[-1]) # 输出5
print(tup[1:3]) # 输出 (2, 3, 4)
```

二、元组删除

相比于列表，元组中的元素不能直接被删除，只能通过"del"关键字将整个元组从内存中删除，语法格式如下。

```
del tup
```

但是需要注意的是，删除元组后，再尝试访问该元组会导致NameError错误。因此，在删除元组之前，需要确保不再需要访问该元组中的任何元素。

另外，如果需要删除元组中的一个或多个元素，可以先将元组转换为列表，然后在列表中删除对应的元素，最后将列表转换回元组，代码如下。

```
tup = ('apple', 'banana', 'cherry')
lst = list(tup) # 将元组转换为列表
lst.remove('banana') # 删除列表中的元素
tup = tuple(lst) # 将列表转换回元组
print(tup) # 输出：('apple', 'cherry')
```

在上面的代码中，首先将元组tup转换为列表lst，然后使用remove()方法删除列表中的"banana"元素。最后将列表lst转换回元组，并重新赋值给tup变量。此时，元组中的"banana"元素就被删除了。但将元组转换为列表会消耗一定的时间和空间，因此如果元组过大，可能会导致性能问题。如果不需要对元组中的元素进行修改，建议直接使用"del"关键字删除整个元组。

三、元组内置方法

在Python中，元组是一个不可变的数据类型，因此它只提供少量的内置方法进行元素的操作，例如，索引的查看、元素个数统计等，常用元组内置方法见表2-14。

表2-14 常用元组内置方法

方法	描述
len(tup)	返回给定元组中元素的数量（或长度）
max(tup)	获取元组中的最大值
min(tup)	获取元组中的最小值
tup.index(item)	获取指定元素在元组中第一次出现时的索引值，如果元素不存在，会抛出ValueError异常
tup.count(item)	用于统计指定元素在元组中出现的次数

需要注意的是，上述方法不会修改元组本身，而是返回一个新的结果。因为元组是不可变的数据类型，一旦创建了元组，其中的元素就不能被修改，只能通过替换整个元组的方式进行更新。

例如，分别使用不同的内置方法对元组进行操作，代码如下。

```
tup = (10, 20, 30)
print(len(tup))   # 输出：3
print(max(tup))   # 输出：30
print(min(tup))   # 输出：10
print(tup.count(10))   # 输出：1
print(tup.index(20))   # 输出：1
```

任务实施

扫码观看视频

通过对元组创建和访问、元组删除以及元组内置方法使用等相关知识的学习，完成学生课程成绩的管理，步骤如下。

第一步：创建一个空元组来存储学生课程成绩记录，代码如下。

```
scores = ()
```

第二步：提示用户选择操作，代码如下。

```
while True:
    # 提示用户选择操作
    print("\n请选择要执行的操作：")
    print("1. 添加学生课程成绩")
    print("2. 显示学生课程成绩")
    print("3. 退出程序")
    choice = int(input())
```

用户选择效果如图2-13所示。

```
C:\Users\12406\AppData\Local\Programs\Python\Python311\python
.exe C:\Users\12406\Desktop\pythonProject\tup.py
请选择要执行的操作：
1. 添加学生课程成绩
2. 显示学生课程成绩
3. 退出程序
```

图2-13　用户选择

第三步：执行用户选择的操作，代码如下。

```
if choice == 1:
    # 提示用户输入学生姓名、课程名称和课程成绩，并将其添加到元组
    # 获取学生姓名
    name = input("请输入学生姓名：")
    # 获取课程名称
    course = input("请输入课程名称：")
```

```
            # 获取课程成绩
            score = float(input("请输入成绩："))
            # 将学生姓名、课程名称和课程成绩作为一个元组添加到名为scores的元组中
            scores.append((name, course, score))
        elif choice == 2:
            # 打印学生课程成绩元组列表
            if not scores:
                print("当前无任何成绩记录")
            else:
                for i, score in enumerate(scores):
                    # 打印学生姓名、课程名称和课程成绩
                    print("{i}. {name} ({course}): {score}".format(i=i, name=score[0], course=score[1], score=score[2]))
        elif choice == 3:
            # 退出循环并终止程序
            break
        else:
            print("请选择有效的操作")
```

学生课程成绩管理效果如图2-14所示。

```
C:\Users\12406\AppData\Local\Programs\Python\Python311\python
.exe C:\Users\12406\Desktop\pythonProject\tup.py
请选择要执行的操作：
1. 添加学生课程成绩
2. 显示学生课程成绩
3. 退出程序
1
请输入学生姓名：xiaoli
请输入课程名称：Python
请输入成绩：98

请选择要执行的操作：
1. 添加学生课程成绩
2. 显示学生课程成绩
3. 退出程序
2
0. xiaoli (Python): 98.0

请选择要执行的操作：
1. 添加学生课程成绩
2. 显示学生课程成绩
3. 退出程序
3

Process finished with exit code 0
```

图2-14 学生课程成绩管理

任务4 定义字典

任务描述

在Python中，字典是一种无序的数据类型，用于存储键值对。它们可以包含不同类型的键和值，并可用于快速查找和访问数据，非常适合存储和管理各种信息和数据。本任务主要通过字典完成课程数据统计，在任务实施的过程中，熟悉字典的创建和访问，掌握字典元素操作的实现。

字典是一种可变并且无序的数据类型，但看似无序实则每一项数据都能轻松地进行获取，具有较强的灵活度。学习是一个既可变又不可变的过程，可变的是我们的学习方法，不变的是我们的目标和初心，学习的过程也是不断探索的过程，在学习的过程中我们发现了更好更快的学习方法自然要学会改变。但一定要不忘初心具有坚定不移的目标，这样才能将命运牢牢把握在自己手中。

知识准备

一、字典简介

在Python中，字典是一种可变的、无序的数据类型，用于存储键值对。字典中的每个元素都是一个键值对，通常用于需要快速查找和访问数据的场景。字典是由一系列键值对组成的，每个键值对都包含一个唯一的键和与之相关联的值。并且，字典里的键必须是不可变的类型，例如，整数、浮点数、字符串和元组等；而值则可以是任意类型的对象，甚至包括其他的字典对象。字典是Python中非常重要和常用的数据类型，它具有灵活性、可变性和快速访问等特点，如下：

1）无序性：字典中的键值对是无序的，即它们没有固定的顺序。
2）可变性：字典是可变的，可以向其添加、删除或修改键值对。
3）长度可变性：字典的长度是可变的，它可以根据需要动态地增加或减少长度。
4）灵活性：字典可以容纳不同类型和不同大小的数据，可以存储任意类型的对象作为值。
5）快速访问：由于字典使用哈希表实现，因此可以快速查找和访问其中的键值对，这使其在大型数据集中非常有用。

二、字典创建和访问

1. 字典创建

与列表和元组创建不同，字典使用花括号"{}"来创建，每个键值对之间使用冒号":"分隔，不同的键值对之间使用逗号","分隔，语法格式如下。

my_dict = {key1: value1, key2: value2, ...}

字典创建参数说明见表2-15。

表2-15 字典创建参数

参数	描述
my_dict	要创建的字典变量名
key1、key2	字典中的键
value1、value2	相应键的值

例如，创建一个包含三个键值对的字典，其中的键分别是"apple""banana"和"cherry"，对应的值分别是1、2和3，代码如下。

my_dict = {'apple': 1, 'banana': 2, 'cherry': 3}

另外，还可以直接使用花括号"{}"，先创建一个空字典，然后向其中添加键值对，语法格式如下。

my_dict = {} # 创建空字典
my_dict[key1] = value1 # 添加键值对
my_dict[key2] = value2

例如，直接使用花括号"{}"创建字典，代码如下。

my_dict = {}
my_dict['apple'] = 1
my_dict['banana'] = 2
my_dict['cherry'] = 3

除了使用花括号"{}"进行自定的创建外，Python也可以通过dict()方法，从包含键值对的序列或者关键字参数创建字典，语法格式如下。

# 从序列创建
my_dict = dict([(key1, value1), (key2, value2), ...])
# 从关键字参数创建
my_dict = dict(key1=value1, key2=value2, ...)

例如，从包含键值对的序列创建字典，代码如下。

my_dict = dict([('apple', 1), ('banana', 2), ('cherry', 3)])

这里直接使用元组列表作为输入，其中每个元组由一个键和一个值组成。dict()方法将此列表转换为一个字典，并将每个元组的第一个元素（即键）作为新字典中的每个键，将该元组的第二个元素（即值）作为每个键的值。

2. 字典访问

目前，字典中元素的访问均通过键实现，这是由字典中键的唯一性决定的，可以分别通过中括号"[]"、get()方法以及运算符"in"实现。

（1）中括号"[]"访问字典元素

使用中括号"[]"访问字典中的键值对时，只需要将所需键作为索引传递给中括号

"[]",即可获取该键对应的值,语法格式如下。

  my_dict[key]

如果尝试访问不存在的键,则会引发KeyError异常。因此,在访问字典之前,最好先检查该键是否存在。

例如,使用中括号"[]"和键来访问字典元素,代码如下。

```
my_dict = {'apple': 1, 'banana': 2, 'cherry': 3}
print(my_dict['apple'])  # 输出 1
```

(2)get()方法访问字典元素

Python的字典中,还可以使用get()方法来获取指定键对应的值。与直接使用中括号"[]"访问字典元素不同,如果使用get()方法获取一个不存在的键,不会抛出KeyError异常,而是返回一个默认值(如果已指定)或者None(如果未指定默认值),语法格式如下。

  my_dict.get(key)

例如,使用get()方法访问字典元素,代码如下。

```
my_dict = {'apple': 1, 'banana': 2, 'cherry': 3}
print(my_dict.get('apple'))  # 输出 1
```

(3)运算符"in"访问字典元素

除了上述两种方式能够访问字典元素外,还可以使用运算符"in"检查字典中是否存在指定的键,返回值为True或False,语法格式如下。

  key in my_dict

三、字典元素操作

在Python中,可以使用字典的索引操作和相关方法来操作字典的元素,包括添加、修改和删除等操作。

1. 添加元素

在上面创建字典时,可以先创建空字典,然后通过赋值的方式添加键值对的操作即为元素添加。其中,这个字典不仅可以为空,也可以存在键值对。

例如,创建一个键分别是"apple"和"banana",对应的值分别是"1"和"2"的字典,之后向字典中添加键为"cherry",值为"3"的键值对,代码如下。

```
my_dict = {'apple': 1, 'banana': 2}
my_dict['cherry'] = 3
```

除此之外,Python中针对字典元素还提供了update()方法,可以将一个字典中的键值对添加到另一个字典中,语法格式如下。

  my_dict1.update(my_dict2)

例如,使用update()方法向字典my_dict中添加了一个键值对"'cherry':3",代码如下。

```
my_dict = {'apple': 1, 'banana': 2}
my_dict.update({'cherry': 3})
```

2. 修改元素

update()方法不仅可以实现元素的添加操作，还可以通过指定的键修改字典中已有键对应的值。例如，使用update()方法修改字典中指定键对应的值，代码如下。

```
my_dict = {'apple': 1, 'banana': 2, 'cherry': 3}
my_dict['apple'] = 4
```

3. 删除元素

目前，删除字典中指定的元素可以有多种方法，根据删除量的不同，可以分为删除单个元素、随机删除单个元素和删除全部元素。

（1）删除单个元素

删除单个元素主要通过字典中的键实现，可以通过"del"关键字删除指定键对应的键值对，如果该键不存在，则会引发KeyError异常，语法格式如下。

```
del my_dict[key]
```

例如，使用"del"删除键值对，代码如下。

```
my_dict = {'apple': 1, 'banana': 2}
del my_dict['apple']
```

还可以使用pop()方法删除指定键对应的键值对，并返回与之关联的值。如果指定的键不存在，则pop()方法将引发KeyError异常，语法格式如下。

```
my_dict.pop(key)
```

例如，使用pop()方法删除键值对，代码如下。

```
my_dict = {'apple': 1, 'banana': 2}
my_dict.pop('apple')
```

（2）随机删除单个元素

除了删除指定键对应的键值对外，Python针对字典中的元素还提供了popitem()方法，可以随机删除一个键值对，并返回已删除的键值对，如果字典为空，则popitem()方法将引发KeyError异常，语法格式如下。

```
my_dict.pop(key)
```

例如，使用popitem()方法随机删除my_dict字典中的一个键值对，并返回已删除的键和值，代码如下。

```
my_dict = {'apple': 1, 'banana': 2}
key, value = my_dict.popitem()
```

（3）删除全部元素

当字典中的元素不被需要时，可以通过clear()方法将字典中所有的元素清空，使其变为空字典，语法格式如下。

　　my_dict.clear()

需要注意的是，clear()方法只会删除字典中的元素，而不会删除字典本身。因此，清空后的字典仍然存在并可以继续使用。

4. 其他元素操作

在Python的字典中，除了元素的添加、修改和删除等基础操作外，Python还提供了多个其他内置方法对元素进行操作，包括键查询、值查询等，常用字典内置方法见表2-16。

表2-16　常用字典内置方法

方法	描述
dict.copy()	返回一个字典的副本
dict.items()	返回包含所有（键，值）元组数组的列表
dict.keys()	返回包含所有键的列表
dict.values()	返回包含所有值的列表

例如，分别使用不同的内置方法对字典进行操作，代码如下。

```
my_dict = {'apple': 1, 'banana': 2, 'cherry': 3}
print(my_dict.items())  # 输出：dict_items([('apple', 1), ('cherry', 3)])
print(my_dict.keys())   # 输出：dict_keys(['apple', 'cherry'])
print(my_dict.values()) # 输出：dict_values([1, 3])
# 创建一个新字典
new_dict = my_dict.copy()
# 清空字典
my_dict.clear()
```

任务实施

通过对字典创建和访问以及字典元素操作等相关知识的学习，基于字典完成课程数据统计，步骤如下。

扫码观看视频

第一步：导入所需模块，并创建元组列表，代码如下。

```
import random
# 创建元组列表
courses = [('Math', 'John', 'Alice'), ('Physics', 'Bob', 'Chris'), ('Chemistry', 'David', 'John')]
```

第二步：获取所有课程，代码如下。

```
print("All Courses:")
for course in courses:
    print(course[0])
```

获取所有课程效果如图2-15所示。

```
C:\Users\12406\AppData\Local\Programs\Python\Python311\python
 .exe C:\Users\12406\Desktop\pythonProject\dict.py
All Courses:
Math
Physics
Chemistry

Process finished with exit code 0
```

图2-15　获取所有课程

第三步：随机选择一门课程并打印选课者名单，代码如下。

```
random_course = random.choice(courses)
print(f"\nSelected Course: {random_course[0]}")
print("Enrolled Students:")
for student in random_course[1:]:
    print(student)
```

随机选择课程并获取选课名单效果如图2-16所示。

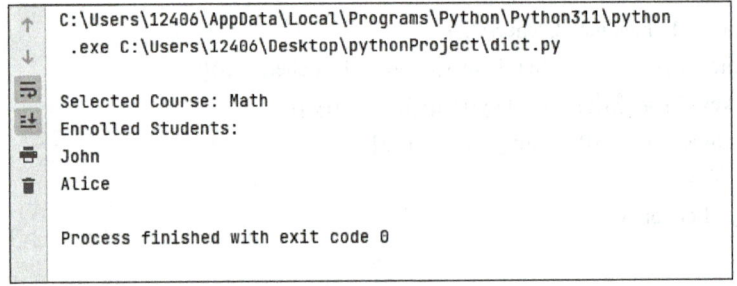

```
C:\Users\12406\AppData\Local\Programs\Python\Python311\python
 .exe C:\Users\12406\Desktop\pythonProject\dict.py
Selected Course: Math
Enrolled Students:
John
Alice

Process finished with exit code 0
```

图2-16　随机选择课程并获取选课名单

第四步：计算每个学生所选课程数并打印，代码如下。

```
# 计算每个学生所选课程数
students = {}
for course in courses:
    for student in course[1:]:
        if student in students:
            students[student] += 1
        else:
            students[student] = 1
# 打印每个学生所选课程数
print("\nNumber of Courses Each Student Enrolled In:")
for student, count in students.items():
    print(f"{student}: {count}")
```

所选课程数统计效果如图2-17所示。

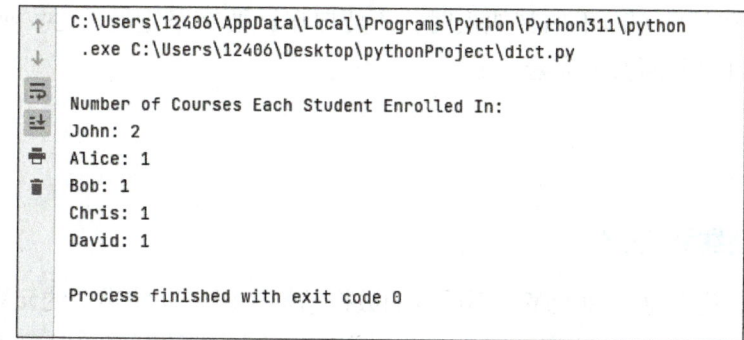

图2-17 所选课程数统计

第五步：筛选已选多门课程的学生并输出，代码如下。

# 筛选已选多门课程的学生
selected_students = [student for student, count in students.items() if count > 1]
# 打印已选多门课程的学生
print("\nStudents Selected More Than One Course:")
for student in selected_students:
　　print(student)

获取选择多门课程学生效果如图2-18所示。

C:\Users\12406\AppData\Local\Programs\Python\Python311\python
.exe C:\Users\12406\Desktop\pythonProject\dict.py

Students Selected More Than One Course:
John

Process finished with exit code 0

图2-18 获取选择多门课程学生

任务5　定义集合

任务描述

在Python编程语言中，集合是由一组不重复且无序的元素组成的数据类型。集合可以用于去除列表或其他可迭代对象中的重复元素，并且支持常规的集合操作，例如，交集、并集和差集等。本任务主要完成集合相关操作，在任务实施的过程中，熟悉集合的创建和方法，掌握集合内置方法的使用以及集合合并的实现。

集合是Python中较为重要的一个数据结构，它能够保证其中元素是唯一的，也就是说在同一集合中每个元素都是独一无二的。我们自己也是世界上独一无二的存在，当我们遇到困难或发现自己在某些方面不如其他人时，不要自卑，要有坚定的信心，要发掘自己身上的闪光点和长处并且不断努力完善。

知识准备

一、集合创建和访问

在Python中，集合是一种无序、不重复的数据结构，用于存储唯一的元素。集合中的元素必须是不可变的（例如，数字、字符串和元组），而不能是可变的对象（例如，列表或字典）。并且，集合中的元素必须是唯一的，重复的元素会被视为一个，例如，{1, 2, 2, 3, 3, 3}和{1, 2, 3}是相同的集合。

1. 集合创建

与字典的创建类似，集合的创建同样通过花括号"{ }"实现，并使用逗号","分隔集合中的元素。例如，创建一个包含三个整数的集合，代码如下。

my_set = {1, 2, 3}

除此之外，Python还提供了set()方法，可以接收一个可迭代对象（例如，列表、元组和字符串等），并返回一个包含该可迭代对象中所有唯一元素的集合。语法格式如下。

set(iterable)

其中，iterable是一个可迭代对象，例如，列表、元组或字符串等。
例如，创建一个包含整数1、2、3的集合，代码如下。

my_set = set([1, 2, 3])

2. 集合访问

与列表和元组不同，集合是无序的，因此无法通过索引来访问集合中的元素，但可以使用"in"和"not in"运算符来判断一个元素是否存在于集合中。例如，判断集合中是否包含数字2，代码如下。

my_set = {1, 2, 3, 'apple', 'banana'}
if 2 in my_set:
    print('2 is in the set')
else:
    print('2 is not in the set')

需要注意的是，由于集合中的元素是无序的，每次打印时可能会有不同的顺序。

二、集合内置方法

在Python中，针对集合元素的操作，提供了多个内置方法，包括集合元素的添加、删除等，常用集合内置方法见表2-17。

表2-17 常用集合内置方法

方法	描述
set.add(elem)	用于向集合中添加新的元素。如果该元素已经存在于集合中，那么将不会被添加到集合中。其中： ● set：指要添加元素的集合 ● elem：指要添加的元素
set.update(iterable)	用于向集合中添加多个元素，包括列表、元组和集合等其他可迭代对象
set.remove(elem)	用于从集合中删除指定元素。如果指定的元素不存在于集合中，将会引发KeyError异常。因此，在使用remove()方法之前，最好先检查要删除的元素是否存在于集合中，可以使用"in"关键字来判断
set.discard(elem)	用于从集合中删除指定元素。如果指定的元素不存在于集合中，则不会引发异常
set.pop()	用于随机删除集合中的一个元素，并返回该元素的值。如果集合为空，会引发KeyError异常
set.clear()	用于清空集合中的所有元素，但不会删除集合本身，因此，该方法执行后仍然可以对该集合进行操作
len(set)	用于返回集合中元素的数量

例如，分别使用不同的内置方法对集合进行操作，代码如下。

```
s = {1, 2, 3}
s.add(4)
print(s) # 输出 {1, 2, 3, 4}
s.update([4, 5, 6])
print(s) # 输出 {1, 2, 3, 4, 5, 6}
s.remove(2)
print(s) # 输出 {1, 3, 4, 5, 6}
s.discard(3)
print(s) # 输出 {1, 4, 5, 6}
s.clear()
print(s) # 输出 set()
```

三、集合合并

在Python中，集合的合并操作与数学运算中的集合合并操作基本相同，包括并集、交集、差集和对称差集等。

（1）并集

Python中并集计算可以通过union()方法或运算符"|"实现，能够获取两个集合中的所有元素，并且元素不重复，语法格式如下。

```
set1.union(set2)
set1 | set2
```

例如，创建两个集合并进行并集计算，代码如下。

```
set1 = {1, 2, 3}
set2 = {2, 3, 4}
print(set1.union(set2))   # 输出 {1, 2, 3, 4}
print(set1 | set2)   # 输出 {1, 2, 3, 4}
```

（2）交集

Python中交集计算可以通过intersection()方法或运算符"&"实现，能够获取两个集合中公共的元素，语法格式如下。

```
set1.intersection(set2)
set1 & set2
```

例如，创建两个集合并进行交集计算，代码如下。

```
set1 = {1, 2, 3}
set2 = {2, 3, 4}
print(set1.intersection(set2))   # 输出 {2, 3}
print(set1 & set2)   # 输出 {2, 3}
```

（3）差集

Python中差集计算可以通过difference()方法或运算符"-"实现，能够获取只在一个集合中出现且不在另一个集合中出现的元素，语法格式如下。

```
set1.difference(set2)
set1 - set2
```

例如，创建两个集合并进行差集计算，代码如下。

```
set1 = {1, 2, 3}
set2 = {2, 3, 4}
print(set1.difference(set2))   # 输出 {1}
print(set1 - set2)   # 输出 {1}
```

（4）对称差集

Python中对称差集计算可以通过symmetric_difference()方法或运算符"^"实现，能够获取只在两个集合之一中出现的所有元素，与交集相反，语法格式如下。

```
set1.symmetric_difference(set2)
set1 ^ set2
```

例如，创建两个集合并进行对称差集计算，代码如下。

```
set1 = {1, 2, 3}
set2 = {2, 3, 4}
print(set1.symmetric_difference(set2))   # 输出 {1, 4}
print(set1 ^ set2)   # 输出 {1, 4}
```

任务实施

通过对集合创建和访问、集合内置方法使用以及集合合并实现等相关知识的学习，完成集合的操作，步骤如下。

扫码观看视频

第一步：创建两个集合，代码如下。

```
set1 = {1, 2, 3, 4, 5}
set2 = {4, 5, 6, 7, 8}
print("Set 1:", set1)
print("Set 2:", set2)
```

创建集合效果如图2-19所示。

```
C:\Users\12406\AppData\Local\Programs\Python\Python311\python
 .exe C:\Users\12406\Desktop\pythonProject\set.py
Set 1: {1, 2, 3, 4, 5}
Set 2: {4, 5, 6, 7, 8}

Process finished with exit code 0
```

图2-19　创建集合

第二步：计算两个集合的交集、并集和差集，代码如下。

```
print("\nIntersection:", set1 & set2)
print("Union:", set1 | set2)
print("Difference (Set 1 - Set 2):", set1 - set2)
print("Difference (Set 2 - Set 1):", set2 - set1)
```

集合交集、并集和差集获取效果如图2-20所示。

```
C:\Users\12406\AppData\Local\Programs\Python\Python311\python
 .exe C:\Users\12406\Desktop\pythonProject\set.py

Intersection: {4, 5}
Union: {1, 2, 3, 4, 5, 6, 7, 8}
Difference (Set 1 - Set 2): {1, 2, 3}
Difference (Set 2 - Set 1): {8, 6, 7}

Process finished with exit code 0
```

图2-20　集合交集、并集和差集获取

第三步：向集合中添加元素，代码如下。

```
set1.add(6)
set2.add(1)
print("\nModified Set 1:", set1)
print("Modified Set 2:", set2)
```

集合元素添加效果如图2-21所示。

```
C:\Users\12406\AppData\Local\Programs\Python\Python311\python
 .exe C:\Users\12406\Desktop\pythonProject\set.py

Modified Set 1: {1, 2, 3, 4, 5, 6}
Modified Set 2: {1, 4, 5, 6, 7, 8}

Process finished with exit code 0
```

图2-21　集合元素添加

第四步：从集合中移除元素，代码如下。

```
set1.remove(1)
set2.discard(8)
print("\nModified Set 1:", set1)
print("Modified Set 2:", set2)
```

集合元素删除效果如图2-22所示。

```
C:\Users\12406\AppData\Local\Programs\Python\Python311\python
 .exe C:\Users\12406\Desktop\pythonProject\set.py

Modified Set 1: {2, 3, 4, 5, 6}
Modified Set 2: {1, 4, 5, 6, 7}

Process finished with exit code 0
```

图2-22　集合元素删除

第五步：比较两个集合是否相等，代码如下。

```
print("\nAre the two sets equal?", set1 == set2)
```

比较两个集合是否相等效果如图2-23所示。

```
C:\Users\12406\AppData\Local\Programs\Python\Python311\python
 .exe C:\Users\12406\Desktop\pythonProject\set.py

Are the two sets equal? False

Process finished with exit code 0
```

图2-23　比较两个集合是否相等

第六步：检查元素是否存在于集合中，代码如下。

```
print("\nIs 3 in Set 1?", 3 in set1)
print("Is 10 not in Set 2?", 10 not in set2)
```

检查元素是否存在效果如图2-24所示。

```
C:\Users\12406\AppData\Local\Programs\Python\Python311\python
 .exe C:\Users\12406\Desktop\pythonProject\set.py

Is 3 in Set 1? True
Is 10 not in Set 2? True

Process finished with exit code 0
```

图2-24　检查元素是否存在

第七步： 清空集合，代码如下。

set1.clear()
set2.clear()
print("\nEmpty Set 1:", set1)
print("Empty Set 2:", set2)

清空集合效果如图2-25所示。

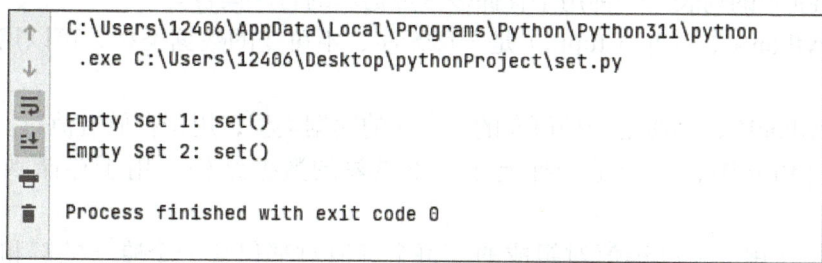

图2-25 清空集合

本项目通过对Python不同数据结构的定义，熟悉了Python数据结构类型，掌握了数据结构的定义以及元素的访问，掌握了不同数据结构的优缺点，并能够通过所学知识定义不同的数据结构，完成数据的存储。

课后习题

1. 选择题

（1）用于统计指定字符串中子字符串出现次数的是（　　）。
　　A．sum()　　　　　　　　　　　B．count()
　　C．sumstring　　　　　　　　　D．join
（2）列表中用于访问单个元素的是（　　）。
　　A．"."　　　　B．()　　　　C．[]　　　　D．":"
（3）元组内置方法中用于返回给定元组中元素的数量（或长度）的是（　　）。
　　A．count()　　B．max()　　C．length　　D．len()
（4）元组操作中用于返回一个字典的副本的是（　　）。
　　A．dict.keys()　　　　　　　　　B．dict.items()
　　C．dict.copy()　　　　　　　　　D．dict.values()

（5）集合内置方法中用于向集合中添加多个元素，包括列表、元组和集合等其他可迭代对象的是（　　）。

  A．set.pop()　　　　　　　　B．set.remove(elem)
  C．set.add(elem)　　　　　　D．set.update(iterable)

2. 判断题

（1）Python中的列表是一种用于存储多个数据项的有序集合。（　　）

（2）在Python中，元组（tuple）是一种无序、不可变的数据类型，可以用来存储一组数据。（　　）

（3）在Python中，字典是一种可变的、有序的数据类型，用于存储键值对。（　　）

（4）在Python中，集合是一种无序、不重复的数据结构，用于存储唯一的元素。（　　）

（5）字典是由一系列键值对组成的，每个键值对都包含一个唯一的键和与之相关联的值。（　　）

3. 简答题

（1）简述元组的特点。
（2）简述列表的特点。

学习评价

通过学习本项目，看自己是否掌握了以下技能，在技能检测表中标出已掌握的技能。

评价标准	个人评价	小组评价	教师评价
（1）能够熟练定义使用字符串			
（2）能够熟练定义使用列表			
（3）能够熟练定义使用元组			
（4）能够熟练定义使用字典			
（5）能够熟练定义使用集合			

注：A为能做到；B为基本能做到；C为部分能做到；D为基本做不到。

项目 3
控制 Python 程序运行流程

项目导言

　　Python流程控制是指通过选择语句、循环语句等机制，控制程序的执行流程。选择语句由if、elif和else关键字组成，用于根据不同的条件执行不同的代码块。while循环和for循环分别用于重复执行代码块和遍历数据结构。列表推导式是一种特殊的for循环语法，能够简化对列表的操作。本项目主要通过Python流程控制实现对Python程序运行流程的控制。

学习目标

➢ 了解Python程序结构；
➢ 熟悉选择流程；
➢ 掌握循环流程；
➢ 掌握数据的遍历；
➢ 具备使用选择语句的能力；
➢ 具备使用循环语句的能力；
➢ 具备实现Python程序运行流程控制的能力；
➢ 具备精益求精、坚持不懈的精神；
➢ 具有灵活思维、处理和分析信息的能力；
➢ 具备换位思考的能力。

任务1 设置条件判断

任务描述

选择语句是编程中的一种流程控制语句,用于根据不同的条件执行不同的代码块。在Python中,选择语句主要由if、elif和else关键字组成,通过判断条件表达式的真假,决定程序执行的路径。选择语句可以让程序在运行过程中做出智能的决策,增强程序的适应性和灵活性。本任务主要通过选择语句完成猜拳游戏制作。在任务实施的过程中,熟悉选择语句的基础知识,包括选择语句使用以及选择语句嵌套等知识,并掌握不同选择语句的使用场景。

知识准备

一、Python程序结构

程序结构是指编程语言中规定的,用于组织和管理程序代码的一套基本结构或范式。不同的编程语言具有不同的程序结构。在Python程序设计语言中,常见的程序结构包括顺序结构、分支结构和循环结构。

(1)顺序结构

在Python中,顺序结构是最基本、最常见的程序结构,由编写在代码中的一系列语句按照特定的顺序执行。程序从上到下遵循依次执行的原则,一行代码执行完之后才会执行下一行代码,直到程序结束。顺序结构如图3-1所示。

(2)分支结构

分支结构是根据条件判断执行不同语句的程序结构。在分支结构中,程序会先进行条件判断,然后根据判断结果选择执行哪些语句。如果条件成立,就执行一个代码块;否则执行另一个代码块。分支结构如图3-2所示。

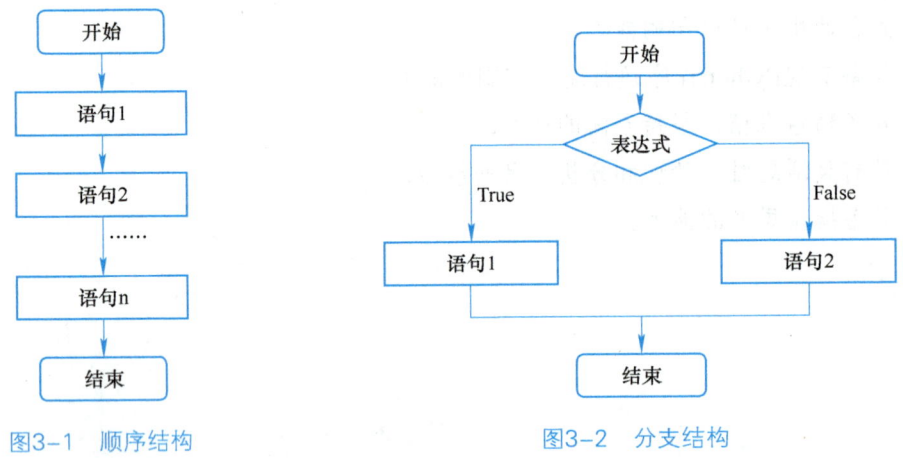

图3-1 顺序结构 　　　　　　　　　图3-2 分支结构

（3）循环结构

循环结构是指在程序运行时多次执行相同或类似的代码块，以达到重复执行特定任务的目的。通过循环结构，可以大大减少代码量，并且使得代码更为简洁和易于维护。Python循环结构通常包含两个部分：循环条件和循环体。循环条件是一个逻辑表达式，用于决定循环是否应该继续执行；循环体则是包含需要重复执行的代码块的一段程序代码。循环结构如图3-3所示。

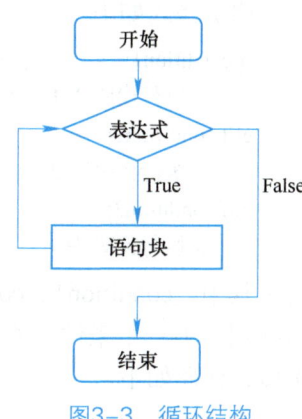

图3-3　循环结构

二、选择语句

1. 选择语句

在Python中，选择语句用于实现分支结构，由if语句、elif语句以及else语句三个部分组成。

（1）if语句

if语句用于判断一个条件是否成立，如果成立则执行特定的代码块。if语句执行流程如图3-4所示。

语法格式如下。

```
if condition:
    # 执行代码块
```

其中，condition是一个逻辑表达式，如果它的值为True，则会执行代码块中的代码。例如，使用if语句判断一个数的正负，代码如下。

```
x = 10
if x > 0:
    print("x是正数")
```

（2）elif语句

elif语句使用在if语句后面，用于在多个条件中，当第一个条件不成立时，判断下一个条件，如果满足则执行相应的代码块，elif语句执行流程如图3-5所示。

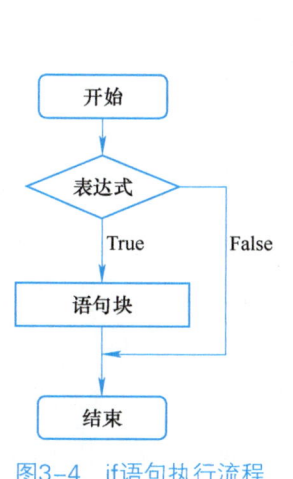

图3-4　if语句执行流程

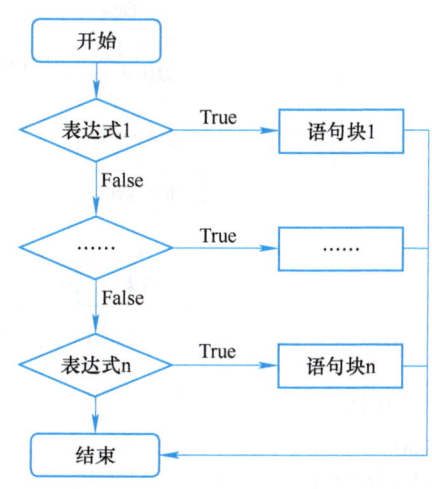

图3-5　elif语句执行流程

语法格式如下。

```
if condition1:
    # 执行代码块 1
elif condition2:
    # 执行代码块 2
elif condition3:
    # 执行代码块 3
```

其中，condition1、condition2和condition3都是逻辑表达式，如果第一个条件不成立，则继续判断下一个条件，直到找到第一个满足条件的分支。例如，使用elif语句判断一个数的正负，代码如下。

```
x = -10
if x > 0:
    print("x是正数")
elif x == 0:
    print("x是零")
elif x < 0:
    print("x是负数")
```

（3）else语句

else语句使用在if和elif语句后面，可以在if和elif语句中的所有条件都不成立时，执行最后的代码块，else语句执行流程如图3-6所示。

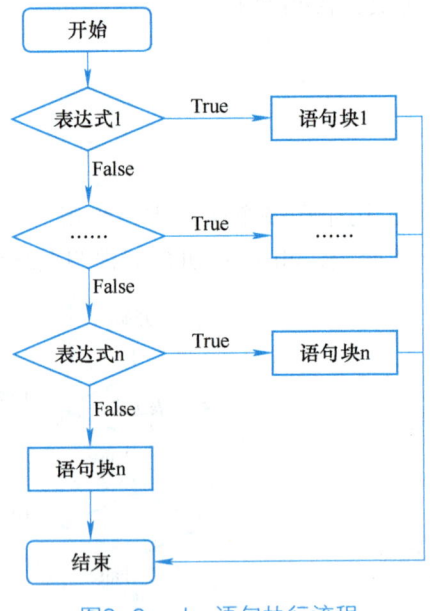

图3-6　else语句执行流程

语法格式如下。

```
if condition1:
    # 执行代码块 1
```

```
elif condition2:
    # 执行代码块 2
else:
    # 执行代码块 3
```

例如，使用else语句判断一个数的正负，代码如下。

```
x = -10
if x > 0:
    print("x是正数")
elif x == 0:
    print("x是零")
else
    print("x是负数")
```

2. 选择语句嵌套

在Python中，选择语句还可以支持嵌套操作，类似于多层的if-else结构，也就是在一个选择语句中包含另一个选择语句，可以更灵活地对复杂的条件进行处理，语法格式如下。

```
if condition1:
    # 执行代码块 1
    if condition2:
        # 执行代码块 2
    elif condition3:
        # 执行代码块 3
    else:
        # 执行代码块 4
elif condition5:
    # 执行代码块 5
    if condition6:
        # 执行代码块 6
    else:
        # 执行代码块 7
else:
    # 执行代码块 8
```

另外，还可以将选择语句嵌套的结构看成树形结构，每一层都是一个判断条件，如果满足该条件，则继续向下执行；否则跳过并去寻找下一个分支。但需要注意的是，选择语句嵌套的缩进必须正确，即相同层次的语句必须使用相同数目的空格或制表符进行缩进。

例如，使用选择语句嵌套判断学生的考试成绩并输出相应的评级结果。在实现时，首先判断是否大于或等于90分，如果是，则输出"优秀"；否则进入下一个if语句，判断是否大于或等于80分，以此类推，代码如下。

```
score = 75
if score >= 90:
    print("优秀")
```

```
else:
    if score >= 80:
        print("良好")
    else:
        if score >= 60:
            print("及格")
        else:
            print("不及格")
```

任务实施

扫码观看视频

通过对Python程序结构、选择语句使用等相关知识的学习，基于选择语句完成猜拳游戏制作，步骤如下。

第一步： 引入random模块，并随机生成"1""2""3"三个数中的一个，并将其转换为"石头""剪刀"和"布"，代码如下。

```
import random
computer = random.randint(1, 3)
print("随机数字：", computer)
computerout=" "
if computer==1:
    computerout = "石头"
elif computer==2:
    computerout = "剪刀"
else:
    computerout = "布"
print("计算机输入：",computerout)
```

计算机输入效果如图3-7所示。

```
C:\Users\12406\AppData\Local\Programs\Python\Python311\python
.exe C:\Users\12406\Desktop\pythonProject\fingerGuessing.py
随机数字： 2
计算机输入： 剪刀

Process finished with exit code 0
```

图3-7　计算机输入

第二步： 设置玩家输入，并将其转换为"石头""剪刀"和"布"，代码如下。

```
player = int(input("请输入你要出的（石头：1，剪刀：2，布：3）："))
if player==1:
    print("玩家输入：","石头")
elif player==2:
    print("玩家输入：","剪刀")
```

else:
　　　　print("玩家输入：","布")
玩家输入效果如图3-8所示。

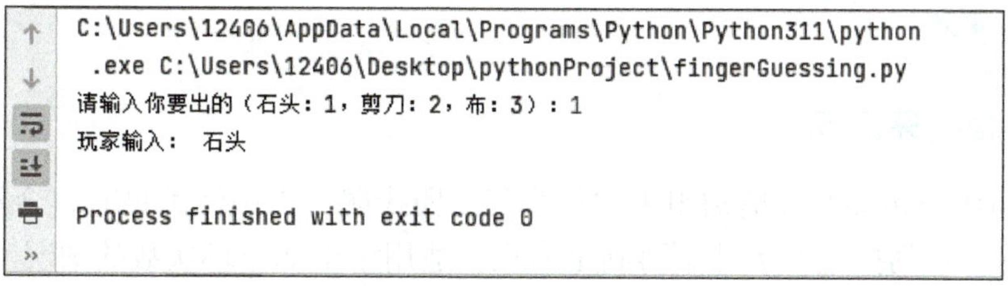

图3-8　玩家输入

第三步：判断输赢，代码如下。

print("玩家：%s，计算机：%s" % (playerout, computerout))
if ((player == 1 and computer == 2) or (player == 2 and computer == 3) or (player == 3 and computer == 1)):
　　print("玩家赢")
elif (player == computer):
　　print("平局")
else:
　　print("计算机赢")

判断输赢效果如图3-9所示。

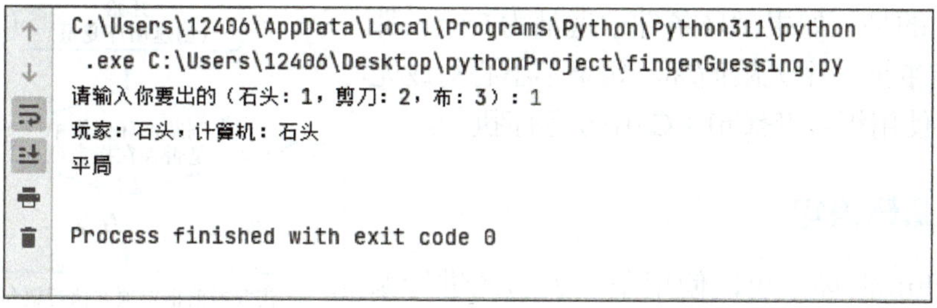

图3-9　判断输赢

任务2　使用循环语句遍历数据

任务描述

　　循环语句是编程中常用的一种结构，它允许重复执行某个代码块，通常在处理相同类型的数据或者需要多次执行同一段代码时使用。循环语句可以根据指定的条件或者次数来进行控制，当满足循环条件时，代码块会被重复执行，直到循环条件不满足为止。本任务主要通过for循环及其嵌套功能完成列表中数值的选择排序，在任务实施的过程中，熟悉

while循环和for循环的执行流程，掌握while循环语句和for循环语句的使用，掌握循环控制语句的使用。

知识准备

一、while循环语句

在Python中，while循环语句用于重复执行一段代码，当条件满足时，会不断地执行代码块中的语句，直到指定的条件不再满足为止，适用于未知循环次数的情况。while循环语句执行流程如图3-3所示，语法格式如下。

```
while condition:
    # 执行代码块
```

例如，使用while循环语句输出数字1~5，代码如下。

```
i = 1
while i <= 5:
    print(i)
    i += 1
```

上述代码中，i的初始值为1，当i小于或等于5时，循环执行代码块，输出i的值，并将i的值加1，直到i大于5时退出循环。

需要注意的是，如果循环条件永远都为True，那么while循环将变成一个无限循环。如果不小心写成无限循环，需要使用组合键<Ctrl + C>中断程序执行。

二、for循环语句

相比于while循环中可以使用条件表达式进行循环体是否执行的判断，for循环主要用于对序列（例如，列表、元组或字符串等）进行遍历，并对其中的每个元素执行一次指定的代码块，适用于已知循环次数的情况。for循环语句执行流程如图3-10所示。

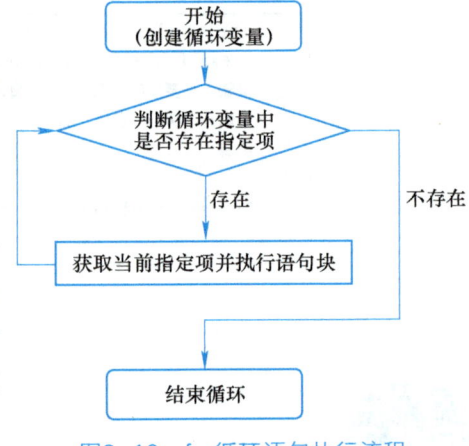

图3-10　for循环语句执行流程

语法格式如下。

```
for var in sequence:
    # 执行代码块
```

for循环语句参数说明见表3-1。

表3-1　for循环语句参数

参数	描述
var	表示一个变量名，用于接受序列中的每个元素值
sequence	表示要遍历的序列，可以是列表、元组和字符串等

例如，使用for循环遍历包含若干水果名称的列表fruits，并对其中的每个元素执行一次输出函数，将其输出到控制台中，代码如下。

```
fruits = ["apple", "banana", "orange"]
for fruit in fruits:
    print(fruit)
```

另外，在使用for循环遍历序列时，可以搭配range()方法，以生成指定范围内的整数序列，作为遍历的索引，语法格式如下。

range([start], stop[, step])

range()方法参数说明见表3-2。

表3-2 range()方法参数

参数	描述
start	表示序列的起始值，默认为0
stop	表示序列的结束值（不包含在序列中）
step	表示序列的步长，默认为1

例如，使用for循环遍历range()方法生成整数序列，并将其输出到控制台中，代码如下。

```
for i in range(1, 6):
    print(i)
```

三、循环嵌套

循环嵌套指的是在一个循环语句中再嵌套一个或多个循环语句，以实现更加复杂的逻辑运算。目前，可以根据嵌套方式分为for循环嵌套、while循环嵌套、for循环嵌套while循环以及while循环嵌套for循环，在使用时，需要根据实际情况选择合适的循环嵌套类型。

例如，通过for循环嵌套输出九九乘法表，代码如下。

```
for i in range(1, 10):
    for j in range(1, i + 1):
        print(f"{j} × {i} = {i*j}\t", end=" ")
    print()
```

需要注意的是，在使用循环嵌套时要尽量避免过度嵌套，否则会使代码过于复杂，难以维护。同时，也要注意循环变量的作用域问题，以避免变量的混淆和重复使用。

四、循环控制

在Python中，循环控制语句用于控制循环的执行流程，包括break语句、continue语句和pass语句，通过循环控制语句，开发人员可以更加灵活地控制循环的执行流程，使程序更加高效、简洁、易读和易维护，特别是在遇到复杂的情况时，能够通过使用这些语句来简化代码，提高编码效率。

（1）break语句

break语句主要用于跳出循环，实现循环的提前结束。当循环执行到某个条件时，执行break语句程序会立即跳出当前循环，停止执行剩余的循环语句，并且继续执行下一条指令；如果在嵌套的循环结构中使用break语句，则只会跳出最内层的循环。break语句执行流程如图3-11所示。

例如，使用break语句在变量等于5时退出循环，代码如下。

```
for i in range(10):
    if i == 5:
        break
    print(i)
```

需要注意的是，break语句只能用在for循环或者while循环内部，如果在循环外使用break语句，会报错。

（2）continue语句

当循环执行到continue语句时，程序会立即停止当前操作，跳过当前循环的剩余语句并强制进入下一次循环。如果在嵌套的循环结构中使用continue语句，也只会影响到最内层的循环。通常情况下，在循环中使用continue语句来实现循环中某些条件不满足时的跳过操作。continue语句执行流程如图3-12所示。

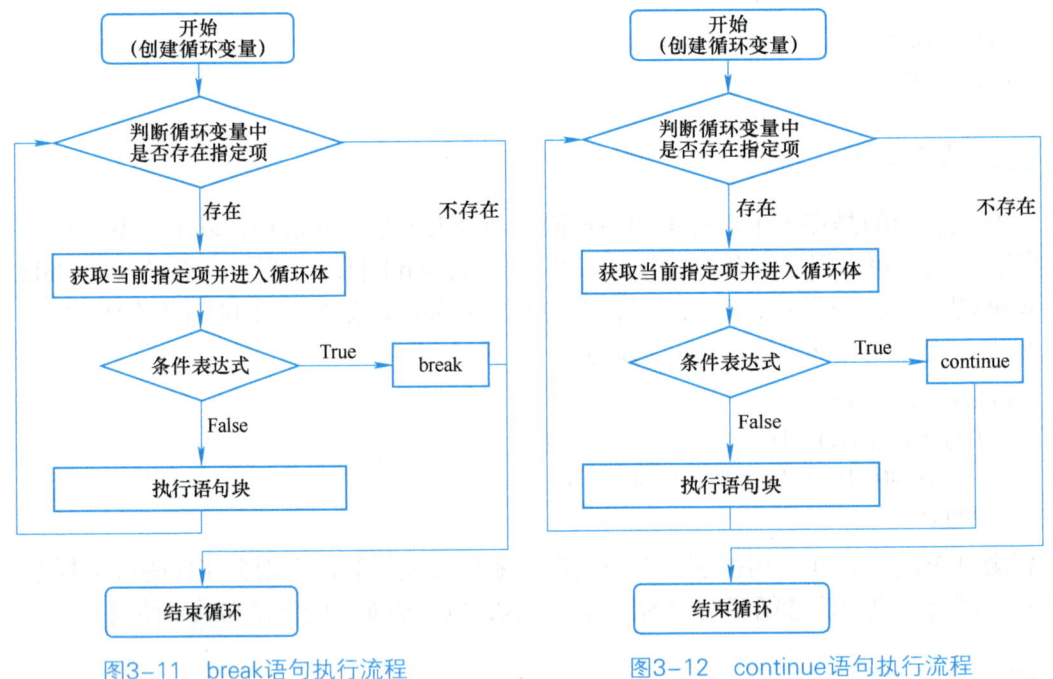

图3-11　break语句执行流程　　　图3-12　continue语句执行流程

例如，使用continue语句在数值为偶数时输出，代码如下。

```
for i in range(10):
    if i % 2 == 0:
        continue
    print(i)
```

需要注意的是,continue语句同样只能用在for循环或者while循环内部,如果在循环外使用continue语句,也会报错。

(3) pass语句

pass语句表示占位符号,它不执行任何操作。在需要语句的位置上出现pass语句可以保证程序结构完整,而不执行实际的代码。

例如,使用pass语句进行占位,保证代码的完整性,代码如下。

```
for i in range(10):
    if i < 5:
        pass
    else:
        print(i)
```

需要注意的是,pass语句同样只能用在for循环或者while循环内部,如果在循环外使用pass语句,也会报错。

任务实施

扫码观看视频

通过对while循环语句、for循环语句等语句执行流程的学习,基于for循环和循环嵌套完成列表中数值的选择排序功能,步骤如下。

第一步:定义一个待排序的列表"lst",它包含了7个整数,代码如下。

```
lst = [12, 45, 2, 89, 36, 17, 57]
print(lst)
```

定义列表效果如图3-13所示。

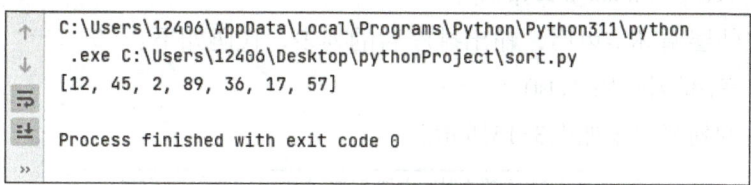

图3-13　定义列表

第二步:使用len()函数获取列表长度"n",并使用"range(n-1)"来控制外层循环的次数,因为当列表中只剩一个元素时,已经不需要再进行排序了,代码如下。

```
# 获取列表长度
n = len(lst)
# 外层循环:控制排序轮数,从0到n-2
for i in range(n - 1):
    print(i)
```

获取下标效果如图3-14所示。

第三步:在外层循环中,定义一个表示当前最小值下标的变量min_index,并将其赋值为"i",即默认当前最小值为第"i"个元素,代码如下。

```
# 记录当前最小值的下标，默认为第i个元素
min_index = i
```

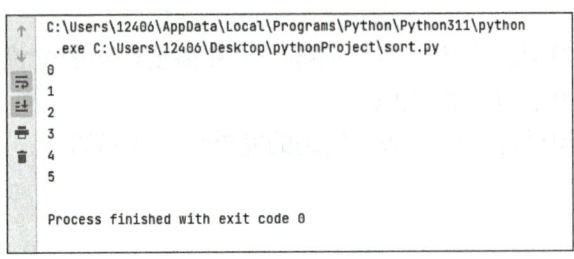

图3-14 获取下标

第四步： 使用内层循环来遍历未排序的元素，从"i+1"开始到"n"。在每一轮循环中，使用if条件语句来判断是否需要更新当前最小值下标。如果当前元素比已记录的最小值还小，则将该元素的下标赋值给min_index变量，代码如下。

```
# 内层循环：遍历剩余未排序的元素
for j in range(i + 1, n):
    # 如果发现有比当前最小值还小的元素，则更新最小值下标
    if lst[j] < lst[min_index]:
        min_index = j
```

第五步： 内层循环结束后，检查min_index是否等于"i"，如果不相等则交换当前下标i和最小值下标min_index所对应的元素。这样可以确保每一轮循环都能找到未排序元素中的最小值，并且将其放置在对应的位置上，代码如下。

```
# 将当前最小值放到列表开头
lst[i], lst[min_index] = lst[min_index], lst[i]
```

第六步： 在外层循环结束后，输出排序后的列表，代码如下。

```
print("选择排序后的列表为：", lst)
```

输出排序后的列表效果如图3-15所示。

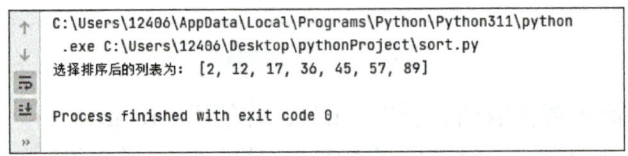

图3-15 输出排序后的列表

本项目通过对Python程序运行流程控制的实现，熟悉了Python程序结构、选择语句和循环语句的作用及意义，掌握了选择语句和选择语句嵌套完成程序的判断功能，掌握了循环

语句和循环控制语句的使用,并能够通过所学知识编写Python程序,最终完成Python程序运行流程的控制。

课后习题

1. 选择题

(1) 下列不属于Python程序结构的是(　　)。
  A. 分支结构 B. 随机结构 C. 循环结构 D. 顺序结构

(2) 下列语句中不属于选择语句的是(　　)。
  A. ifelse B. if C. elif D. else

(3) while循环语句可使用(　　)语句退出。
  A. exit B. break C. quit D. out

(4) 循环控制语句(　　)用于停止当前循环,进入下次循环。
  A. continue B. break C. pass D. rang

(5) 需要根据不同条件进行不同操作的语句是(　　)。
  A. while B. for C. if D. do while

2. 判断题

(1) 程序结构是指编程语言中规定的,用于组织和管理程序代码的一套基本结构或范式。(　　)

(2) if语句用于判断一个条件是否成立,如果成立则执行特定的代码块。(　　)

(3) break语句主要用于结束循环。(　　)

(4) 分支结构如果条件成立,就执行一个代码块;否则执行另一个代码块。(　　)

(5) pass语句表示占位符号,它不执行任何操作。(　　)

3. 简答题

(1) 简述什么是循环结构。

(2) 简述什么是分支结构。

学习评价

通过学习本项目,看自己是否掌握了以下技能,在技能检测表中标出已掌握的技能。

评价标准	个人评价	小组评价	教师评价
(1) 能够设置条件判断			
(2) 能够使用循环语句遍历数据			

注:A为能做到;B为基本能做到;C为部分能做到;D为基本做不到。

项目 4

封装 Python 程序

项目导言

函数是一段可被重复使用的代码，用于完成特定的任务。面向对象编程则是一种编程方法论，将对象作为程序的基本单元，通过定义类和实例来描述和操作对象之间的关系和交互。在函数式编程中，我们可以利用函数封装常用的功能，以便在需要时进行调用；而在面向对象编程中，我们则需要结合对象的属性和方法来完成更加复杂的任务。两种编程方法都有其优点与缺点，具体应用要根据需求进行选择。本项目主要通过函数编程和面向对象编程完成产品数据的操作。

学习目标

- 了解函数编程与面向对象编程的意义；
- 熟悉函数作用域；
- 掌握类和对象的关系；
- 掌握类的定义与对象的实例化；
- 具备定义函数并调用函数的能力；
- 具备定义类并实例化对象的能力；
- 具备访问类中属性、方法的能力；
- 具备函数式编程与面向对象编程的能力；
- 具备善于发现和总结问题的能力；
- 具备强烈的责任心和积极的工作态度；
- 具备很强的学习和沟通能力。

任务1 使用函数封装Python代码

任务描述

函数编程是一种编程范式,强调使用函数来处理数据和完成任务,具有不可变性和无副作用的特点,提高代码的可读性和可维护性。本任务主要通过定义函数实现数据操作的封装,并且调用函数对数据进行操作。在任务实施的过程中,熟悉函数的基础知识,包括函数的作用、函数定义与调用、变量作用域、特殊函数和内置函数等知识,并掌握函数的使用。

知识准备

一、函数简介

函数(function)是一种封装代码的机制,可以将大型程序分解成较小的可重用部分,包含一段完成特定任务的可重用代码块,能够接受输入参数、处理数据,并返回输出结果,以帮助程序员更好地组织和抽象代码,从而增加代码的可读性、可维护性和可重用性。函数具有的特点如下:

1)可重用性:定义函数一次,可以在多个地方调用,避免了重复编写相同功能的代码。

2)变量作用域:函数中定义的变量只在函数内部有效,不会影响到函数外部的变量。

3)参数传递:函数可以接受不同类型的参数,包括位置参数、关键字参数和默认参数等。

4)可变性:函数可以返回不同类型和数量的数据,支持多值返回和多级返回等。

二、函数定义与调用

1. 函数定义

目前,Python函数是由"def"关键字定义的可重复使用的代码块,用于执行特定任务并返回一个值。并且,它可以接受任意数量和类型的输入参数,并在执行操作后生成输出结果,语法格式如下。

```
def function_name(parameters):
    """函数文档字符串"""
    function_body
    return [expression]
```

函数定义参数说明见表4-1。

表4-1 函数定义参数

参数	描述
function_name	函数名称
parameters	函数参数列表，用来接收调用函数时传递的参数
function_body	函数体，是实现函数功能的代码块
return [expression]	函数的返回值，可以是任何Python对象，如果没有指定返回值，默认返回None

2. 函数参数

目前，Python函数根据参数的设置方式，可以分为位置参数、关键字参数、默认参数和可变参数。

（1）位置参数

位置参数是指函数定义时按照顺序所定义的参数，调用函数时需要按照相同的顺序传入参数，它们的数量和位置必须一一对应，语法格式如下。

```
def function_name(parameter1, parameter2, ...):
    function_body
    return [expression]
function_name(value1, value2, ...)
```

函数定义参数说明见表4-2。

表4-2 函数定义参数

参数	描述
function_name	函数名称
parameter1, parameter2, ...	函数定义时的参数名
value1, value2, ...	与参数一一对应的值

例如，定义一个名为"add"的函数，接受两个位置参数"x"和"y"，并将它们相加后返回结果，代码如下。

```
def add(x, y):
    return x + y
result = add(1, 2)
print(result) # 输出 3
```

在函数调用时，没有按照函数定义时参数的顺序来传递参数，那么可能会得到错误的结果或者抛出异常。因此，在使用位置参数时，需要确保传递的参数与函数定义的参数顺序相同。

（2）关键字参数

基于关键字参数定义的函数与位置参数定义的函数基本相同，不同之处在于关键字参数定义函数在调用时，可以通过指定参数名称来传递参数值，不需要按照参数定义顺序来传递参数，这样可以避免因为位置顺序错误导致的错误。基于关键字参数定义函数的调用语法格式如下。

```
function_name(parameter1=value1, parameter2=value2, ...)
```

例如，定义一个名为"greet"的函数，接受两个关键字参数"name"和"message"，调用时按照参数名称传递参数值，可以不必关心参数的定义顺序，代码如下。

```
def greet(name, message):
    print(f'Hello, {name}! {message}')
result1 = greet(name='Alice', message='How are you?')
print(result1) # 输出Hello, Alice!How are you?
result2 = greet(message='What are you doing?', name='Bob')
print(result2) # 输出Hello, Bob!What are you doing?
```

需要注意的是，使用关键字参数语法时，参数顺序并不重要，但参数名必须正确指定，否则会导致运行时错误。

（3）默认参数

默认参数是指在函数定义时为参数设置默认值，在调用函数时如果没有传递参数，则使用默认值。例如，定义一个名为"greet"的函数，接受两个参数"name"和"message"，其中"message"参数采用默认参数的语法，设置默认值为"How are you?"，代码如下。

```
def greet(name, message="How are you?"):
    print(f"Hello, {name}! {message}")
print(greet("Alice")) # 输出 "Hello, Alice! How are you?"
print(greet("Bob", "Fine")) # 输出 "Hello, Bob! Fine"
```

需要注意的是，在函数定义中，默认参数必须放在所有非默认参数的后面，否则会导致语法错误。

（4）可变参数

可变参数是指在函数定义中可以接受不定数量的参数。Python中有两种方式实现可变参数，分别是带星号的位置参数、带星号的关键字参数。

1）带星号的位置参数。Python中的基于带星号位置参数函数的定义使用一个星号"*"将参数标记为可变参数，这个带星号的位置参数将会接收到函数调用时传入的所有位置参数，并且以元组（tuple）的形式传递给函数体内部，从而允许编写能够接受任意数量位置参数的函数，语法格式如下。

```
def function_name(parameter1, parameter2, ..., *args):
    function_body
    return [expression]
function_name(value1, value2, ...)
```

其中，"parameter1""parameter2"等是普通的参数，而"*args"则是带星号的位置参数，当调用该函数时，可以通过传入任意数量的位置参数来给"*args"赋值。

例如，定义一个名为"func"的函数，它有两个普通的参数"a"和"b"，以及一个带星号的位置参数"*args"。在函数体内，使用print()方法打印出"a""b"和"args"参数的值，代码如下。

```
def func(a, b, *args):
    print(f"a = {a}")
    print(f"b = {b}")
    print(f"args = {args}")
func(1, 2, 3, 4, 5)
# 输出 a = 1
#     b = 2
#     args = (3, 4, 5)
```

2）带星号的关键字参数。与带星号的位置参数类似，带星号的关键字参数通过两个星号（**）将函数定义中的参数标记为可变参数，可以接受任意数量的关键字参数，在函数内部将其作为字典（dictionary）类型来处理，语法格式如下。

```
def function_name(parameter1, parameter2, ..., **kwargs):
    function_body
    return [expression]
function_name(parameter1=value1, parameter2=value2, ...)
```

例如，将带星号的位置参数修改为带星号的关键字参数，代码如下。

```
def func(a, b, **kwargs):
    print(f"a = {a}")
    print(f"b = {b}")
    print(f"kwargs = {kwargs}")
func(a=1, b=2, c=3, d=4, e=5)
# 输出 a = 1
#     b = 2
#     kwargs = {'c': 3, 'd': 4, 'e': 5}
```

需要注意的是，"*args"可变参数和"**kwargs"可变参数可以分别单独使用，也可以同时使用，但是必须按照普通参数、"*args"和"**kwargs"的顺序声明函数的所有参数。

三、作用域

在Python中，函数作用域是指变量的可见性和生命周期所适用的区域。通常情况下，一个函数内定义的变量只在该函数内部可见，而在其他函数或全局作用域中是不可见的。目前，Python中的函数作用域可以分为四种，分别是局部作用域、嵌套作用域、全局作用域和内置作用域。

（1）局部作用域

局部作用域是指变量的可见性和生命周期所适用的函数内部区域。通常情况下，一个函数内部定义的变量只在该函数内部可见，超出该函数范围时，该变量就被销毁。简单来说，当在一个函数内部定义一个变量时，它只会在该函数内部有效，不能被其他函数访问。当函数执行完毕后，所有在该函数内部定义的变量都将被销毁，即这些变量的生命周期仅限于函数内部。

例如，定义一个函数"func"，并在该函数内部定义一个局部变量"x"后，在不同区域对变量"x"进行访问，代码如下。

```
def func():
    x = 10  # 定义一个局部变量x
    print("变量x的值为：", x)
func()  # 输出：变量x的值为：10
print("变量x的值为：", x)  # 报错：NameError: name 'x' is not defined
```

从输出结果可以看出，函数内部可以访问局部变量"x"，但尝试在函数外部访问该变量时，会导致NameError错误。

需要注意的是，在函数内部如果要访问全局变量，则需要使用"global"关键字来声明该变量为全局变量。否则，Python会将该变量视为局部变量，从而导致意料之外的错误。同时，应该尽量避免在不同函数中定义同名的局部变量，这样可能会导致变量名冲突和代码可读性变差等问题。

例如，修改上述代码，将局部变量"x"声明为全局变量并访问，代码如下。

```
def func():
    global x = 10  # 定义一个全局变量x
    print("变量x的值为：", x)
func()  # 输出：变量x的值为：10
print("变量x的值为：", x)  # 输出：变量x的值为：10
```

（2）嵌套作用域

在Python中，嵌套作用域是指一个函数内部可以访问外部函数的变量。如果一个函数包含在另一个函数内部，那么这个被包含的函数就拥有了嵌套作用域。

在嵌套作用域中，内层函数可以访问外层函数中定义的变量，而外层函数却不能访问内层函数中的变量。如果函数内部定义了一个与外层函数或全局作用域中同名的变量，那么Python将优先使用内部变量。

例如，定义两个函数"outer"和"inner"，其中"inner"位于"outer"的内部。另外，在"outer"中定义了一个变量"x"，并将其值设为"outer x"。在"inner"函数中定义了一个同名变量"x"，并将其值设为"inner x"。在"inner"函数中，使用"nonlocal"关键字来声明"x"变量为外层函数"outer"中的变量。在执行完"inner"函数后，"outer"函数将再次使用"x"变量并打印它的值，代码如下。

```
def outer():
    x = "outer x"
    def inner():
        nonlocal x
        x = "inner x"
        print("inner函数中的变量x值为：", x)
    inner()
    print("outer函数中的变量x值为：", x)
outer()  # 输出：inner函数中的变量x值为：inner x
         # outer函数中的变量x值为：inner x
```

从输出结果可以看出，"inner"函数成功地修改了外层函数"outer"中的变量"x"的值，并且"outer"函数在使用"x"变量时打印出了修改后的值。

需要注意的是，在使用"nonlocal"关键字时，需要确保变量已经在外层函数中定义过。同时，也应该尽量避免在不同函数中定义同名的变量，这样可能会导致变量名冲突和代码可读性变差等问题。

（3）全局作用域

在函数外部定义的变量属于全局作用域，它可以被整个程序的任意部分访问。全局作用域的变量在程序开始执行时创建，在程序结束时销毁。另外，在Python中，还可以使用"global"关键字来在函数内部访问和修改全局变量；如果在函数内部没有使用"global"关键字，那么Python会将该变量视为局部变量；如果在函数内部定义了一个与全局作用域中同名的变量，那么Python将优先使用局部变量。

例如，定义一个全局变量"x"，并在函数"func"内部使用"global"关键字来声明该变量为全局变量。在"func"函数内部，将"x"的值修改为"20"，并打印出修改后的值。另外，在函数执行完毕后，需再次使用"x"变量并打印它的值，代码如下。

```python
x = 10  # 定义一个全局变量
def func():
    global x  # 声明x为全局变量
    x = 20
    print("函数内部的变量x值为： ", x)
func()  # 输出：函数内部的变量x值为： 20
print("函数外部的变量x值为： ", x)  # 输出：函数外部的变量x值为： 20
```

需要注意的是，在函数内部直接修改全局变量的值，可能会导致代码可读性变差和维护困难等问题，因此应该尽量避免这种情况发生。

（4）内置作用域

在Python中，内置作用域是指Python内置函数和模块中的变量和函数所适用的范围。内置作用域中的变量可以被任何模块或函数直接访问。

四、匿名函数与递归函数

1. 匿名函数

匿名函数是一种没有名称的函数，通常用于需要传递一个简单函数作为参数的场合。与普通函数相比，匿名函数的主要特点有以下几个方面：

1）没有函数名：匿名函数没有名称，只能通过赋值给一个变量或传递给其他函数来使用。

2）只有一个表达式：匿名函数只能包含一个表达式作为函数体，不能包含赋值语句、条件语句等复杂语句。

3）返回值为表达式的值：匿名函数的返回值就是表达式的值，不需要使用return语句显式返回。

在Python中，可以使用lambda表达式来实现匿名函数的创建操作，语法格式如下。

```
lambda 参数列表: 表达式
```

其中，参数列表表示需要传递给函数的参数，可以包含零个或多个参数；表达式表示函数的返回值，可以是任意合法的Python表达式。

例如，使用lambda表达式创建一个匿名函数，该函数接受两个参数并返回它们的和，代码如下。

```
# 定义一个简单的lambda函数
add = lambda x, y: x + y
# 调用匿名函数
result = add(10, 20)
print("10 + 20 = ", result)  # 输出：10 + 20 = 30
```

需要注意的是，匿名函数通常用于一些比较简单的函数，如果函数比较复杂，建议使用普通函数来代替。此外，由于匿名函数没有名称，因此调试和维护较为困难，应该根据具体情况来决定是否使用匿名函数。

2. 递归函数

Python中的递归函数是一种特殊的函数，是指在函数中调用自身的行为，常用于解决需要重复执行相同操作的问题，例如，计算阶乘、斐波那契数列等。

目前，递归函数的实现需要满足两个条件，分别是基线条件和递归条件。其中，基线条件是指当问题变得足够简单时直接返回结果，而递归条件则是指将问题拆分成更小的子问题并通过递归调用自身来解决。

另外，递归函数虽然可以解决很多问题，但也有一些缺点，如下：

1）递归函数会消耗大量的内存，因为每次调用都会在栈上创建一个新的函数帧。

2）递归函数在某些情况下可能会导致堆栈溢出，因为递归深度过大会使得栈空间不足。

例如，使用递归函数进行阶乘计算，代码如下。

```
def factorial(n):
    # 基线条件：n为1时直接返回1
    if n == 1:
        return 1
    # 递归条件：将问题拆分成更小的子问题并通过递归调用自身来解决
    else:
        return n * factorial(n-1)
# 测试
print(factorial(5))  # 输出 120
```

需要注意的是，在编写递归函数时，必须确保递归能够终止。如果未能在适当的地方添加基本情况，递归函数将陷入无限循环中，导致程序崩溃。因此，在编写递归函数时，正确处理基本情况十分重要。递归函数虽然有简洁、优美的语法，但每次递归都会调用一次函数，并创建一个新的函数栈。在处理大规模数据时，递归函数可能会导致函数栈溢出或增加运行时间。因此，在使用递归函数时需要谨慎。

五、内置函数

除了自定义的普通函数、匿名函数和递归函数等函数以外,Python还提供多个内置函数,这些函数是Python自带的,被视为Python标准库的一部分,无须导入任何模块即可直接使用。根据使用场景,内置函数被分为数学函数、序列函数、字符串函数、类型转换函数、文件函数和其他函数等。

(1)数学函数

数学函数用于执行各种数学计算,例如,对数字取整、计算三角函数和对数等,内置数学函数见表4-3。

表4-3 内置数学函数

函数	描述
abs()	返回一个数字的绝对值
divmod()	将两个数字相除并返回商和余数
pow()	返回一个数字的指定次幂
round()	返回一个数字的四舍五入值
sum()	对一个迭代器内的所有元素进行求和

(2)序列函数

序列函数用于处理序列(列表、元组等),例如,在序列中查找特定元素、对序列进行排序和计算序列的长度等,常用内置序列函数见表4-4。

表4-4 常用内置序列函数

函数	描述
len()	返回容器(例如,列表、元组和字典)元素个数
sorted()	返回一个排好序的列表
max()	返回给定参数中的最大值
min()	返回给定参数中的最小值
enumerate()	从一个序列中返回索引和对应的元素
reversed()	对一个序列反向迭代
zip()	将可迭代对象中对应的元素打包成一个元组

(3)字符串函数

字符串函数用于操作字符串,例如,将字符串转换为大写、去除字符串中的空格和检测字符串是否以特定字符开头或结尾等,常用内置字符串函数见表4-5。

表4-5 常用内置字符串函数

函数	描述
len()	计算一个字符串中字符的数量
upper()	将字符串中的所有字符转换为大写
lower()	将字符串中的所有字符转换为小写
strip()	返回一个从两端移除的字符串副本
replace()	返回指定子字符串替换旧字符串后生成的新字符串

（4）类型转换函数

Python的类型转换函数可以将一个数据类型转换为另一个数据类型。在编程中，经常需要将不同类型的数据传递给一个函数或操作符，并且它们需要相同的数据类型才能正常工作，常用内置类型转换函数见表4-6。

表4-6 常用内置类型转换函数

函数	描述
int()	将一个数值或字符串转换为整型
float()	将一个数值或字符串转换为浮点型
str()	将一个对象转换为字符串类型
bool()	将一个值转换为布尔类型
list()	将一个序列或可迭代对象转换为列表类型
tuple()	将一个序列或可迭代对象转换为元组类型
set()	将一个序列或可迭代对象转换为集合类型
dict()	将包含键值对元素的二元组列表或元组列表转换为字典、将包含键和值的元素的二元组或元组序列转换为字典或者将包含键和值的字符串转换为字典

（5）文件函数

文件函数用于读取、写入和处理文件，例如，打开、关闭、读取或写入文件等，常用内置文件函数见表4-7。

表4-7 常用内置文件函数

函数	描述
open()	打开一个文件并返回文件对象
read()	从文件中读取数据
write()	向文件中写入数据
close()	关闭文件对象

（6）其他函数

除了用于对某类数据进行操作的函数外，Python还提供其他函数，具有专门功能，可以获取帮助信息、查看对象属性等，常用内置其他函数见表4-8。

表4-8 常用内置其他函数

函数	描述
type()	返回变量的数据类型
id()	返回变量的唯一标识符
range()	生成一个指定范围内的整数序列
help()	获取Python帮助文档

任务实施

通过对Python函数定义及调用等相关知识的学习，完成Python的函数式

扫码观看视频

编程，实现产品数据的管理，步骤如下。

第一步：定义产品添加函数，如果是新产品，直接添加到原有库存中，如果不是新产品，则对产品的数量进行添加，代码如下。

```python
goods = []
print("************************数据添加************************")
def add(product):
    # goods中有库存
    if len(goods) > 0:
        # 标记，用于后面程序对当前产品是否存在进行判断
        flag = 0
        # 循环获取goods中的产品数据
        for i in range(len(goods)):
            # 判断当前产品的编号是否在goods中存在
            if (goods[i]['index'] == product['index']):
                # 存在，修改产品数量
                goods[i]['number'] +=product['number']
                # 修改标记变量，表示产品存在
                flag = 1
                break
        # 通过标记变量判断，当其值为0时，表示产品不存在
        if flag == 0:
            # 添加产品数据到goods列表中
            goods.append(product)
    # goods中无库存
    else:
        goods.append(product)
add({'name': "apple", 'price': 100, 'number': 2, 'index': 100001})
# 访问goods属性
print(goods)
```

数据添加效果如图4-1所示。

```
C:\Users\12406\AppData\Local\Programs\Python\Python311\python.exe
C:\Users\12406\Desktop\pythonProject\prodFunction.py
************************数据添加************************
[{'name': 'apple', 'price': 100, 'number': 2, 'index': 100001}]
```

图4-1　数据添加

第二步：定义产品查找函数，如果数据中有产品，则输出产品详情，如果数据中没有产品，则输出"库存中没有该产品！！"，代码如下。

```python
def query(self, l):
    # 标记
    flag = 0
    # 判断数据类型
    if (isinstance(l,int)):
```

```python
        # 数字类型
        for i in range(len(goods)):
            # 判断库存中是否存在查询的产品编号
            if (goods[i]['index'] == l):
                flag = 1
                print('产品ID：%s | 产品名称：%s | 产品数量：%s | 产品价格：%s' % (goods[i]['index'], goods[i]['name'], goods[i]['number'], goods[i]['price']))
    else:
        # 字符串类型
        for i in range(len(goods)):
            # 判断库存中是否存在查询的产品名称
            if (goods[i]['name'] == l):
                flag = 1
                print('产品ID：%s | 产品名称：%s | 产品数量：%s | 产品价格：%s' % (goods[i]['index'], goods[i]['name'], goods[i]['number'], goods[i]['price']))
    if (flag == 0):
        print("库存中没有该产品！！")
# 查询名称为apple的产品
query("apple")
# 查询名称为banana的产品
query("banana")
```

数据查找效果如图4-2所示。

```
****************************数据查找****************************
产品ID：100001 | 产品名称：apple | 产品数量：2 | 产品价格：100
--------------------------------
库存中没有该产品！！
```

图4-2　数据查找

第三步：定义产品取出方法，当库存中有产品时，如果产品数量小于所需数量，输出"库存数量不足！！"，如果产品数大于或等于所需数量，减少库存，并输出"剩余库存n个"；当库存中没有产品时，输出"库存中没有该产品！！"，代码如下。

```python
def dele(product):
    # 标记
    flag = 0
    # 遍历goods中的产品数据
    for i in range(len(goods)):
        # 判断库存产品的编号和名称与取出产品的编号和名称是否一致
        if (goods[i]['index'] == product['index'] and goods[i]['name'] == product['name']):
            # 一致，修改标记变量
            flag = 1
            # 判断库存产品的数量是否大于等于取出产品的数量
            if (goods[i]['number'] >= product['number']):
```

```
            # 取出产品
            goods[i]['number'] -= product['number']
            print("取出成功")
            print('产品ID：%s | 产品名称：%s | 剩余数量：%s | 产品价格：%s' % (goods[i]['index'], goods[i]['name'], goods[i]['number'], goods[i]['price']))
            # 库存产品数量不足
        else:
            print('取出失败')
            print("库存数量不足！！")
            print('产品ID：%s | 产品名称：%s | 产品数量：%s | 产品价格：%s' % (goods[i]['index'], goods[i]['name'], goods[i]['number'],goods[i]['price']))
            break
    if (flag == 0):
        print("库存中没有该产品！！")
# 调用dele方法取出产品
dele({'name': "apple", 'price': 100, 'number': 2, 'index': 100001})
print("-----------------------------")
dele({'name': "apple", 'price': 100, 'number': 1, 'index': 100001})
print("-----------------------------")
dele({'name': "banana", 'price': 100, 'number': 1, 'index': 100001})
```

数据删除效果如图4-3所示。

图4-3 数据删除

任务2 使用面向对象思想开发Python

任务描述

　　面向对象编程（OOP）是一种程序设计范式，强调数据和操作的封装，并通过类、继承和多态等机制组织代码。面向对象编程提高了代码复用性、可维护性和可扩展性，广泛应用于软件开发。本任务主要通过面向对象编程完成数据的管理，在任务实施的过程中，熟悉面向对象流程，熟悉类和对象的定义，掌握类中属性和方法的访问。

知识准备

一、面向对象简介

面向对象编程（Object-Oriented Programming，OOP）是一种以对象为基础的程序设计方法，它将数据和操作数据的方法封装在一起，形成一个独立的实体——对象（Object）。每个对象都有自己的属性（Attribute）和方法（Method），属性表示对象的状态，方法表示对象可以执行的动作。同时，为了保证对象的完整性和安全性，面向对象编程引入了封装、继承和多态等重要特性。

（1）封装

封装是指对象的属性和方法被隔离在对象的内部，对象的外部无法直接访问它们，必须通过公共接口才能访问。这种机制又被称为信息隐藏，可以避免对象的数据被意外地改变，从而提高了代码的安全性和可靠性。

（2）继承

继承是指一个类（子类）可以基于另一个已经存在的类（父类）创建出新的类，继承了父类的一些特征并且可以对其进行修改或扩展。继承允许代码的重用，同时也便于代码的后期维护。

（3）多态

多态性是指同一种类型的对象在不同的情境下可以对同一个消息产生不同的响应。例如，在一个基于动物的模型中，狗和人都有"走路"的功能，但是它们的实现方式是不同的。多态是OOP的一个重要特性，可以提高代码的可扩展性和灵活性。

二、类

在面向对象编程中，类是一种抽象数据类型，用于描述具有相同属性和方法的对象。简单来说，一个类就是一个对象的蓝图，定义了这个对象有哪些特征（即属性）和可以做什么（即方法）。例如，有一个学生类，类中包含了姓名、年龄和班级等特征，如图4-4所示。

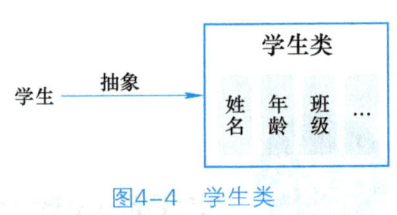

图4-4 学生类

在Python中，通过关键字"class"结合类名称实现类的定义，语法格式如下。

```
class ClassName:
    def __init__(self, arg1, arg2, ...):
        self.instance_variable = value
    def method(self, arg1, arg2, ...):
        ...
```

类定义参数说明见表4-9。

表4-9　类定义参数

参数	描述
ClassName	类的名称
__init__()	构造函数，在创建该类的实例时会自动调用并初始化实例变量。在构造函数中，第一个参数"self"表示实例本身，后面的参数是用于初始化实例变量的值
method()	类的方法，可以访问实例变量和其他函数，并实现该类的具体功能

三、对象

对象（Object）是面向对象编程中的基本概念之一，可以看作是类的实例，具有类定义的属性和方法，通过对这些属性和方法的操作来实现程序的逻辑功能；同时，对象也是实现封装、继承和多态等特性的基础。

在面向对象编程中，每个对象都有自己的状态和行为，对象间可以相互作用和通信。例如，定义一个"汽车"类，每辆具体的车就是该类的一个实例，具有各自的品牌、型号和颜色等属性，并可以进行加速、刹车等操作，汽车对象如图4-5所示。

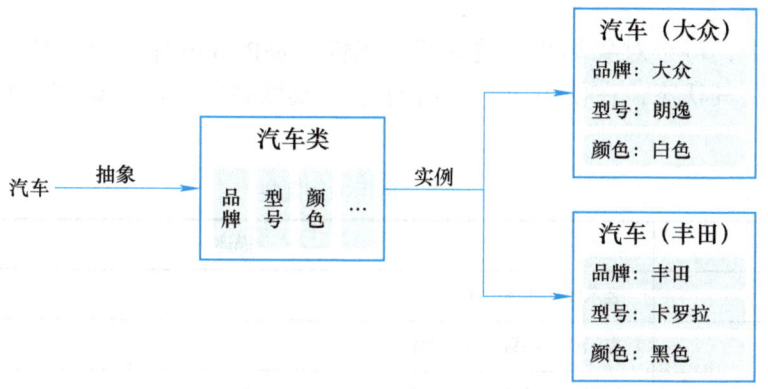

图4-5　汽车对象

在Python中，可以通过类的实例化操作来创建对象，只需在类名称后使用小括号"()"并加入值即可，语法格式如下。

obj = ClassName(arg1, arg2, ...)

对象定义参数说明见表4-10。

表4-10　对象定义参数

参数	描述
obj	自定义的示例名称，可以根据需要任取一个合适的名字
ClassName	类的名称
arg1, arg2, ...	用于初始化实例变量的值

例如，定义"Person"类后，创建人的实例，代码如下。

```
class Person:
    def __init__(self, name, age):
```

```
                self.name = name
                self.age = age
        def describe(self):
                print(f"My name is {self.name} and I'm {self.age} years old.")
# 创建两个Person实例
p1 = Person("Alice", 25)
p2 = Person("Bob", 30)
# 调用describe方法
p1.describe()    # 输出：My name is Alice and I'm 25 years old.
p2.describe()    # 输出：My name is Bob and I'm 30 years old.
```

四、属性

属性（Attribute）表示对象的状态，就像一个对象的某个特征或者变量。这些属性也被称为成员变量或实例变量，它们存储对象所拥有的各种数据信息。

1. 内置属性

在Python中，每个对象都有一些内置的属性，是Python中已经预定义的特殊属性，用于描述对象及其状态，在使用时，只需通过".属性名称"进行访问，常用内置属性见表4-11。

表4-11 常用内置属性

属性	描述
__class__	表示实例所属的类
__name__	表示类、函数或模块的名字
__doc__	表示类、函数或模块的文档字符串
__module__	表示对象所在的模块名。对于动态创建的对象，该属性的值为"main"
__bases__	表示当前类的所有父类构成的元组

例如，定义名为"MyClass"的类后，使用不同的内置属性获取对象的相关信息，代码如下。

```
class MyClass:
    """我的类"""
    def __init__(self, name):
        self.name = name
    def say_hello(self):
        print(f"你好，我是{self.name}！")
print(MyClass.__name__)    # 输出：MyClass
print(MyClass.__doc__)     # 输出：我的类
print(MyClass.__module__)  # 输出：__main__
print(MyClass.__bases__)   # 输出：(<class 'object'>,)
```

2. 自定义属性

除内置属性外，Python中还可以通过在__init__()方法中使用"self.属性名称=属性名称"的赋值方式实现对象公有属性（可以在任何地方访问）的自定义。例如，在Person类中，通过"self.name = name"和"self.age = age"的方式创建两个对象属性，分别表示该实例对象的名字和年龄，代码如下。

```
class Person:
    def __init__(self, name, age):
        self.name = name    # 公有属性
        self.age = age      # 公有属性
p = Person("Alice", 25)
print(p.name)    # 输出：Alice
print(p.age)     # 输出：25
```

在Python中，对象除了公有属性外，还存在不能在类的外部直接访问的私有属性，只需在定义对象属性时，在"self."与属性名称之间加入双下画线"__"即可，这时该属性只能在类的内部使用，无法从外部直接访问。例如，将"Person"类中"age"属性修改为私有属性并访问，代码如下。

```
class Person:
  def __init__(self, name, age):
    self.name = name     # 公有属性
    self.__age = age     # 私有属性
p = Person("Alice", 25)
print(p.name)    # 输出：Alice
print(p.__age)   # 抛出 AttributeError 异常
```

需要注意的是，对象属性的名称通常与类属性和实例方法的名称不同，以避免冲突。在访问对象属性时，通常使用点号"."实现。

另外，如果需要删除对象属性，可以使用"del"关键字来删除，删除后的属性再次被访问时，会引发AttributeError异常；为避免触发错误，可以通过使用hasattr()函数判断一个对象属性是否存在，返回值为"True"或"False"。例如，删除"Person"类中的"age"属性并判断其是否存在，代码如下。

```
del p.age    # 删除对象属性
print(hasattr(p, "age"))    # 输出：False，表示对象中不存在age属性
```

五、方法

方法（Method）表示对象的行为，也就是能够执行的操作或者动作，例如，打印输出、读取数据和计算等，方法可以访问类中的属性，并可以对它们进行更改。目前，Python中的方法可以分为四类，分别是实例方法、类方法、静态方法和属性方法。

1. 实例方法

实例方法是指需要通过对象实例来调用的方法，它的第一个参数通常是"self"，用于

表示该方法所属的对象实例。在调用实例方法时，对象实例会自动作为第一个参数传入，因此无须显式地传递该参数，语法格式如下。

```
class MyClass:
    def instance_method(self, arg1, arg2, ...):
        # 方法体
        pass
```

实例方法参数说明见表4-12。

表4-12 实例方法参数

参数	描述
instance_method	方法名称
self	表示方法所属的对象实例
arg1, arg2, ...	传递给方法的参数

例如，定义一个包含"name"和"age"两个属性名为"Person"的类，并定义实例方法"say_hello"，用于向控制台输出该人员的信息，代码如下。

```
class Person:
    def __init__(self, name, age):
        self.name = name
        self.age = age
    def say_hello(self):
        print("Hello, I'm {} and I'm {} years old.".format(self.name, self.age))
person = Person("Alice", 25)
person.say_hello()   # 输出：Hello, I'm Alice and I'm 25 years old.
```

需要注意的是，实例方法必须在对象实例上调用，不能在类上调用，否则会抛出一个TypeError异常。

2. 类方法

类方法是指需要通过类来调用的方法，它的第一个参数通常是"cls"，用于表示该方法所属的类。在调用类方法时，Python会自动将当前类作为第一个参数传入，因此无须显式地传递该参数。在类方法上需要使用装饰器"@classmethod"来声明该方法是一个类方法，语法格式如下。

```
class MyClass:
    @classmethod
    def class_method(cls, arg1, arg2, ...):
        # 方法体
        pass
```

类方法参数说明见表4-13。

表4-13 类方法参数

参数	描述
class_method	方法名称
cls	表示方法所属的类
arg1, arg2, ...	传递给方法的参数

例如，定义一个包含"count"属性名为"Person"的类，之后定义一个类方法"get_count"，用于返回当前已经创建的人员实例的数量，代码如下。

```
class Person:
    count = 0
    def __init__(self, name, age):
        self.name = name
        self.age = age
        Person.count += 1
    @classmethod
    def get_count(cls):
        return cls.count
person1 = Person("Alice", 25)
person2 = Person("Bob", 30)
print(Person.get_count())    # 输出：2
```

需要注意的是，类方法可以在类上调用，也可以在对象实例上调用。如果在对象实例上调用，那么该类方法将接收到该对象实例所属的类作为第一个参数。

3. 静态方法

静态方法是指不需要与类或对象绑定在一起的方法，它不会自动接收任何参数，而是需要显式地传递参数。静态方法通常用于辅助实现某个功能，而不涉及类或对象的状态，因此不能通过"self"或"cls"来引用对象实例或类。静态方法同样需要使用装饰器声明，这里使用的是"@staticmethod"，语法格式如下。

```
class MyClass:
    @staticmethod
    def static_method(arg1, arg2, ...):
        # 方法体
        pass
```

静态方法参数说明见表4-14。

表4-14 静态方法参数

参数	描述
static_method	方法名称
arg1, arg2, ...	传递给方法的参数

例如，定义一个名为"Math"的类，包含一个用于计算两个数的平均值的静态方法，

代码如下。

```
class Math:
    @staticmethod
    def average(a, b):
        return (a + b) / 2
print(Math.average(3, 5))    # 输出：4.0
```

4. 属性方法

属性方法是一种特殊类型的方法，可以让一个类的方法表现得像类的属性一样。简单来说，就是属性方法尽管被定义为一个函数，但是在使用时，可以像访问属性一样去访问它，而且无须在代码中显式调用该方法（即不需要在方法名后面加上"()"）。另外，属性方法的返回值通常是对象的某个属性，但也可以根据需要返回计算值。并且，属性方法同样需要使用修饰器"@property"来声明该方法是一个属性方法，语法格式如下。

```
class MyClass:
    @property
    def property_method(self):
        # 方法体
        pass
```

属性方法参数说明见表4-15。

表4-15 属性方法参数

参数	描述
property_method	方法名称
self	表示方法所属的对象实例

例如，定义一个包含"name"和"age"两个属性名为"Person"的类，并定义属性方法"age"，用于向控制台输出年龄，代码如下。

```
class Person:
    def __init__(self, name, age):
        self.name = name
        self.age = age
    def age(self):
        print(self.age)
person = Person("Alice", 25)
person.age    # 输出：25
```

六、类继承与方法重写

1. 类继承

继承是面向对象编程中的一种重要概念，它允许一个类从另一个类"继承"其属性和方法。继承可以帮助程序员实现代码复用，减少代码量，并且提供了一种有效的方法来组织和管理程序中的相关类。

在Python中，继承是通过在类定义中指定一个或多个父类来实现的。子类继承了父类的所有方法和属性，同时还可以定义自己独特的方法和属性。类继承语法格式如下。

```
class ParentClass:
    # 父类定义
class ChildClass(ParentClass):
    # 子类定义
```

类继承参数说明见表4-16。

表4-16　类继承参数

参数	描述
ChildClass	子类名称
ParentClass	父类名称

例如，定义"Person"和"Student"类，之后在"Student"类中继承"Person"类中的属性和方法，代码如下。

```
class Person:
    def __init__(self, name):
        self.name = name
    def say_hello(self):
        print("Hello, my name is", self.name)
class Student(Person):
    def __init__(self, name, grade):
        self.grade = grade
s = Student('Alice', 'A')
s.say_hello()  # 输出：Hello, my name is Alice
print(s.name, s.grade) # 输出：Alice A
```

2. 方法重写

在实现类的继承操作时，允许子类重写其父类中已经存在的方法或属性。通过重写，子类可以修改并定制继承自父类的方法或属性，从而实现更具体的行为。

在Python中，重写方法和属性的语法很简单，只需要在子类中重新定义一个同名的方法或属性即可。当子类实例调用这个方法或属性时，将会使用子类中定义的实现方式，而不是父类中的实现方式。方法重写语法格式如下。

```
class ParentClass:
    def some_method(self):
        # 父类方法实现
class ChildClass(ParentClass):
    def some_method(self):
        # 子类方法实现
```

例如，定义"Person"和"Student"类，之后在"Student"类中对"Person"类中的

"say_hello"方法进行重写，代码如下。

```python
class Person:
    def say_hello(self):
        print("Hello, I'm a person.")
class Student(Person):
    def say_hello(self):
        print("Hello, I'm a student.")
s = Student()
s.say_hello()   # 输出：Hello, I'm a student.
```

任务实施

扫码观看视频

通过对Python面向对象编程相关知识的学习，完成Python的面向对象编程，实现产品数据的管理，步骤如下。

第一步：定义名为"Product"的产品类，并在该类中定义格式化内容方法"ret"，代码如下。

```python
class Product:
    def __init__(self, name, price, number, index):
        self.name = name
        self.price = price
        self.number = number
        self.index = index
    # 格式化内容并返回
    def ret(self):
        return {'name': self.name, 'price': self.price, 'number': self.number, 'index': self.index}
p=Product("banana",1000,10,1)
print(p.ret())
```

数据格式化效果如图4-6所示。

```
C:\Users\12406\AppData\Local\Programs\Python\Python311\python.exe
C:\Users\12406\Desktop\pythonProject\prodObj.py
{'name': 'banana', 'price': 1000, 'number': 10, 'index': 1}

Process finished with exit code 0
```

图4-6　数据格式化

第二步：定义名为"Stock"的库存类，之后修改上面定义的add()、dele()和query()函数，将其修改为类中的方法，并添加到"Stock"类中，代码如下。

```python
class Stock:
    def __init__(self):
        self.goods = []

    def add(self,product):
```

```python
            if len(self.goods) > 0:
                flag = 0
                for i in range(len(self.goods)):
                    if (self.goods[i]['index'] == product['index']):
                        self.goods[i]['number'] +=product['number']
                        flag = 1
                        break
                if flag == 0:
                    self.goods.append(product)
            else:
                self.goods.append(product)

    def dele(self, product):
        flag = 0
        for i in range(len(self.goods)):
            if (self.goods[i]['index'] == product['index'] and self.goods[i]['name'] == product['name']):
                flag = 1
                if (self.goods[i]['number'] >= product['number']):
                    self.goods[i]['number'] -= product['number']
                    print("取出成功")
                    print('产品ID：%s | 产品名称：%s | 剩余数量：%s | 产品价格：%s' % (
                        self.goods[i]['index'], self.goods[i]['name'], self.goods[i]['number'], self.goods[i]['price']))
                else:
                    print('取出失败')
                    print("库存数量不足！！")
                    print('产品ID：%s | 产品名称：%s | 产品数量：%s | 产品价格：%s' % (
                        self.goods[i]['index'], self.goods[i]['name'], self.goods[i]['number'], self.goods[i]['price']))
                break
        if (flag == 0):
            print("库存中没有该产品！！")

    def query(self, l):
        flag = 0
        if (isinstance(l,int)):
            for i in range(len(self.goods)):
                if (self.goods[i]['index'] == l):
                    flag = 1
                    print('产品ID：%s | 产品名称：%s | 产品数量：%s | 产品价格：%s' % (self.goods[i]['index'], self.goods[i]['name'], self.goods[i]['number'], self.goods[i]['price']))
                else:
```

```python
            for i in range(len(self.goods)):
                if (self.goods[i]['name'] == l):
                    flag = 1
                    print('产品ID：%s | 产品名称：%s | 产品数量：%s | 产品价格：%s' % (self.goods[i]['index'], self.goods[i]['name'], self.goods[i]['number'], self.goods[i]['price']))
            if (flag == 0):
                print("库存中没有该产品！！")
```

第三步：定义数据对程序进行测试，代码如下。

```python
print("************************数据添加************************")
# 实例化对象
p=Product("banana",1000,10,1)
# 调用ret方法
product=p.ret()
s=Stock()
# 调用add方法
s.add(product)
# 访问goods属性
print(s.goods)

print("************************数据查找************************")
# 查询名称为apple的产品
s.query("apple")
print("-----------------------------")
# 查询名称为banana的产品
s.query("banana")

print("************************数据删除************************")
s=Stock()
s.add(product)
p2=Product("banana",1000,5,1)
product2=p2.ret()
# 调用dele方法取出产品
s.dele(product2)
print("-----------------------------")
p3=Product("banana",1000,6,1)
product3=p3.ret()
s.dele(product3)
print("-----------------------------")
p4=Product("apple",100,1,100001)
product4=p4.ret()
s.dele(product4)
```

数据操作效果如图4-7所示。

```
****************数据添加****************
[{'name': 'banana', 'price': 1000, 'number': 10, 'index': 1}]
****************数据查找****************
库存中没有该产品！！
------------------------------
产品ID：1 | 产品名称：banana | 产品数量：10 | 产品价格：1000
****************数据删除****************
取出成功
产品ID：1 | 产品名称：banana | 剩余数量：5 | 产品价格：1000
------------------------------
取出失败
库存数量不足！！
产品ID：1 | 产品名称：banana | 产品数量：5 | 产品价格：1000
------------------------------
库存中没有该产品！！
```

图4-7 数据操作

项目小结

本项目通过对函数式编程和面向对象编程的实现，熟悉了函数和面向对象的优点，掌握了函数的定义与调用，掌握了类和对象的定义以及属性和方法，并能够通过所学知识完成不同方式代码的编写，最终实现产品数据的操作。

课后习题

1. 选择题

（1）Python中的函数作用域可以分为（　　）种。
　　A．1　　　　　　B．2　　　　　　C．3　　　　　　D．4

（2）Python函数根据参数的设置方式，不包括（　　）。
　　A．固定参数　　B．关键字参数　　C．位置参数　　D．可变参数

（3）下列内置属性中，表示实例所属的类的是（　　）。
　　A．__class__　　B．__name__　　C．__doc__　　D．__module__

（4）Python中的方法可以分为（　　）类。
　　A．1　　　　　　B．2　　　　　　C．3　　　　　　D．4

（5）下列函数中，属性为数学函数的是（　　）。
　　A．reversed()　　B．round()　　C．replace()　　D．int()

2. 判断题

（1）封装是指属性和方法被隔离在内部，外部无法直接访问它们，必须通过公共接口才能访问。　　　　　　　　　　　　　　　　　　　　　　　　　　（　　）

（2）函数（function）是一种封装代码的机制，可以将大型程序分解成较小的可重用部分。（　　）

（3）在面向对象编程中，类是一种抽象数据类型，用于描述具有相同属性和方法的对象。（　　）

（4）函数作用域是指代码的可见性和生命周期所适用的区域。（　　）

（5）为了保证对象的完整性和安全性，面向对象编程引入了封装、继承和多态等重要特性。（　　）

3. 简答题

（1）简述函数特点。

（2）简述面向对象重要特性。

学习评价

通过学习本项目，看自己是否掌握了以下技能，在技能检测表中标出已掌握的技能。

评价标准	个人评价	小组评价	教师评价
（1）能够使用函数封装Python代码			
（2）能够使用面向对象思想开发Python			

注：A为能做到；B为基本能做到；C为部分能做到；D为基本做不到。

项目 5

操作文件并处理异常

项目导言

计算机文件通常是以数字形式存储在计算机硬盘等存储介质上,并由操作系统进行管理和访问。而异常处理则是编程语言中的一种机制,通过捕获、处理和反馈程序运行时出现的异常情况,保证程序的正确性、稳定性和可靠性。异常处理可以增强程序的健壮性,使其能够应对各种可能出现的异常情况,避免因意外错误导致程序崩溃或数据损失等问题。本项目主要完成文件的操作以及程序中异常处理功能的添加。

学习目标

- 了解文件的常用操作;
- 熟悉os模块功能;
- 熟悉异常处理的作用;
- 掌握异常处理流程;
- 具备在程序中操作文件的能力;
- 具备使用os模块的能力;
- 具备实现异常处理的能力;
- 具有事业心和责任心;
- 具有较强的劳动组织能力、集体意识和社会责任心;
- 具有艰苦奋斗的精神和务实作风。

任务1 操作本地文件

任务描述

在Python中，文件操作是一个常见任务，可以使用内置的文件操作函数和模块来完成。Python不仅可以通过读取文件内容、写入数据、复制、移动和删除文件等操作，实现对计算机上的文件进行有效管理，还可以使用Python的文件处理模块来生成、解析和处理各种类型的文件，例如，CSV、JSON、XML和PDF等。本任务主要通过操作本地文件完成文件的备份功能。在任务实施的过程中，熟悉Python基本文件操作，并掌握os模块的使用。

文件操作是计算机科学中非常基础和重要的一部分，因为大多数应用程序都需要读取、写入或处理文件。然而，文件操作也涉及数据安全和隐私保护等方面的问题，例如，如何有效地备份和恢复数据、如何防止数据泄露和如何处理敏感数据等。这些问题需要我们深入思考和解决，同时还需要关注相关法律和规定，以确保数据安全和隐私保护的合法性。此外，文件操作也与计算机系统和网络安全息息相关，例如，如何防止恶意软件通过文件操作进行攻击、如何减少对存储器和磁盘空间的使用等。因此，文件操作不仅需要技术实现能力，还需要树立数据安全意识，注重数据备份，防止数据泄密，保护秘密数据安全，并积极参与健全网络综合治理体系，推动形成良好的网络生态。

知识准备

一、文件操作

在计算机中，文件是存储在磁盘、固态硬盘或其他数据存储设备上的一组信息。文件可以包含任何类型的数据，例如，文本、图像、音频或视频等。

在编程中，文件也是一个非常重要的概念，可以使用编程语言提供的文件I/O操作来读取和写入文件。通过文件I/O操作，程序能够读取、修改、删除或创建文件，并将文件的内容作为程序输入或输出。目前，Python提供了多个用于实现文件I/O操作的内置函数，常用文件操作内置函数见表5-1。

表5-1 常用文件操作内置函数

函数	描述
open()	打开文件
write()	写入文件内容
writelines()	写入多个内容
read()	读取文件内容
readline()	按行读取文件内容
readlines()	读取多行文件内容
close()	关闭文件

（1）open()

在Python中，open()是一个内置函数，用于打开文件，创建并返回一个对应的文件对象，可以对该文件对象进行读写操作，语法格式如下。

```
file = open(file_name [, access_mode][, buffering])
```

open()函数参数说明见表5-2。

表5-2　open()函数参数

参数	描述
file_name	表示要打开的文件名或文件路径
access_mode	文件打开的模式，可选值有： ● r：默认模式，以只读方式打开文件 ● w：以写入方式打开文件，如果文件已经存在，则覆盖原文件 ● a：以追加方式打开文件，在原文件基础上继续进行写入操作 ● x：以独占方式创建文件，如果文件已经存在就会报错 ● b：二进制模式，可与其他模式配合使用，例如，"rb" "wb" ● t：文本模式，与其他模式一起使用，用于操作文本文件，例如，"rt" ● +：读写模式
buffering	缓冲策略，可选值有： ● -1：使用系统默认的缓冲大小 ● 0：不做缓冲，直接写入硬盘 ● 1：行缓冲 ● n（n>1）：指定缓冲区的大小

需要注意的是，在使用open()函数打开一个文件时，如果文件不存在，则会抛出FileNotFoundError异常。因此，在打开文件之前要确保该文件存在，或者使用try…except结构来处理异常。

例如，使用open()函数打开一个名为example.txt的文件并设置只读模式，代码如下。

```
file = open('example.txt', 'r')
```

（2）write()

Python的write()方法用于向一个文件中写入指定的字符串或字节序列，该方法是文件对象的一个方法，需要通过打开文件并获取文件对象后才能使用，语法格式如下。

```
file.write(string)
```

其中，file表示要写入的文件对象；string是要写入文件的内容，可以是字符串或二进制数据，如果写入失败，会抛出异常。

需要注意的是，write()方法并不会自动在写入的文本末尾添加换行符，如果需要在每行末尾添加换行符，可以在每次调用write()方法后添加换行符。

例如，使用write()方法将字符串"Hello, World!"写入名为"example.txt"的文件中，代码如下。

```
file = open('example.txt', 'w')
file.write("Hello, World!")
```

另外，如果要将多个字符串或字节序列写入同一个文件，则可以连续调用多次write()方法。例如，将字符串"Hello,"和"World!"分别写入文件中，代码如下。

```
file = open('example.txt', 'w')
file.write("Hello, ")
file.write("World!")
```

（3）writelines()

相比于write()函数，writelines()函数同样用于实现内容的写入，但该函数用于将一个字符串列表或迭代器中的所有字符串写入文件中，语法格式如下。

file.writelines(iterable)

其中，iterable是一个字符串列表或迭代器，包含要写入文件中的所有字符串，如果写入失败，会抛出异常。

需要注意的是，writelines()方法同样不会自动添加换行符，每个字符串都会被紧密地写入文件中，因此，在每个字符串末尾添加换行符时需要手动添加。

例如，使用writelines()函数将字符串列表"["Hello\n", "World\n"]"写入名为example.txt的文件中，代码如下。

```
# 打开文件
file = open("example.txt", "w")
# 向文件中写入多行数据
lines = ["Hello\n", "World\n"]
file.writelines(lines)
```

（4）read()

在Python中，read()同样是一个文件对象的函数，用于从文件中读取指定字节数或字符数的数据，该方法只能用于打开文件的读取模式（即r模式或a+模式），语法格式如下。

file.read(size)

其中，size是要读取的字节数或字符数，当size大于文件中剩余内容的长度时，read()方法会一次性读取所有剩余内容并返回；当省略该参数时，将读取整个文件；当指定了size参数时，read()函数会读取指定大小的内容并返回，若无法读取指定大小的内容则返回实际读取到的内容。

另外，每次调用read()方法时，都会从上一次读取的位置开始读取数据；如果多次调用read()方法，每次读取的数据都会累加到缓冲区中，因此，需要注意数据是否会超出内存限制。

例如，使用read()函数读取名为"example.txt"的文件的整个内容，代码如下。

```
# 打开文件
file = open("example.txt", "r")
# 读取文件中的数据
data = file.read()
# 输出读取到的数据
print(data)
```

（5）readline()和readlines()

readline()和readlines()函数同样用于从文件中读取内容。其中，readline()函数用于从文本文件中读取一行数据（包括行末换行符"\n"），语法格式如下。

    file.readline(size)

size表示要读取的字节数或字符数，通常不需要指定，默认读取一整行数据。

例如，使用readline()函数逐行读取名为"example.txt"的文件并打印每一行内容，代码如下。

```
file = open('example.txt', 'r')
line = file.readline()
while line:
    print(line)
    line = file.readline()
```

readlines()函数则用于从文本文件中一次性读取所有行数据，并返回一个包含所有行数据的列表，语法格式如下。

    file.readlines(sizehint)

sizehint是可选参数，表示要读取的最大字节数或字符数，如果不指定sizehint或者sizehint小于或等于0，则读取文件中所有的数据。

例如，使用readlines()函数从"example.txt"文件中读取多行数据，代码如下。

```
# 打开文件
file = open("example.txt", "r")
# 读取文件中的数据并保存到列表中
lines = file.readlines()
# 输出读取到的数据
for line in lines:
    print(line)
```

（6）close()

Python的close()方法用于关闭打开的文件。该方法应该在完成对文件的读取或写入操作后调用，以确保释放文件资源并将其保存到磁盘上，在关闭文件之后，就不能再对其进行读写操作，语法格式如下。

    file.close()

例如，使用close()函数关闭名为"example.txt"的文件，代码如下。

```
file = open('example.txt', 'r')
# 在这里进行文件读取或写入操作
file.close()
```

需要注意的是，在使用文件对象进行读写操作后，一定要记得及时关闭文件以释放相应的系统资源，否则会导致资源的浪费和泄露，并且，如果未正确关闭文件，可能会导致文件损坏或数据丢失。特别是在处理大文件时，因为文件对象会占用系统资源，如果不及时释放系统资源可能会导致系统的性能下降。

另外，在Python实际编程过程中，除了使用close()方法关闭文件之外，还可以使用with语句来打开文件并处理文件中的数据，这样可以自动调用 close() 方法来关闭文件，同时还可以更加简洁和安全地处理文件对象。例如，使用with语句打开名为"example.txt"的文件并处理数据，代码如下。

```
# 使用with语句打开文件并处理数据
with open("example.txt") as file:
    # 读取文件中的数据并输出到控制台
    data = file.read()
    print(data)
```

二、os模块

Python的os模块是一个提供了与操作系统交互的接口的标准库。通过os模块，可以实现对文件和目录的创建、删除、移动和重命名等操作，以及获取和修改当前工作目录、环境变量等一系列与操作系统相关的功能。

目前，os模块提供了许多与操作系统相关的函数和常量，包括文件和目录操作函数、系统环境变量操作函数、进程和线程操作函数、系统信号处理函数以及其他函数等。但需要注意的是，使用os模块中的某些方法可能会涉及系统资源的访问和操作，因此，在使用时需要格外小心，避免对系统造成不必要的影响或损坏。

其中，文件和目录操作函数提供了与文件和目录相关的方法，例如，创建、删除、重命名、移动和获取属性等，常用文件和目录操作函数见表5-3。

表5-3 常用文件和目录操作函数

函数	描述
os.getcwd()	获取当前工作目录
os.listdir(path)	列出指定路径下的所有文件和目录，其中： ● path：文件或目录路径
os.access(path,mode)	验证权限，其中： ● path：文件或目录路径 ● mode：检验内容，返回值为True或False
os.chmod(path,flags)	更改权限，其中： ● path：文件或目录路径 ● flags：设置的权限
os.mkdir(path, mode=0o777, dir_fd=None)	创建指定路径的目录，其中： ● path：文件或目录路径 ● mode：指定新建目录的权限，默认为0o777（即所有用户都有读、写和执行权限） ● dir_fd：指定父目录的文件描述符，若提供，则将在该指定的目录下创建子目录
os.makedirs(name, mode=0o777, exist_ok=False)	递归地创建一个或多个新的目录。与mkdir()函数不同的是，该函数会依次创建各级父目录，如果已存在则跳过。其中： ● name：要创建的目录路径 ● mode：新建目录的权限，默认为0o777（即所有用户都有读、写和执行权限） ● exist_ok：如果目标目录已经存在，则是否允许忽略，默认为False
os.open(file,mode,flags)	打开文件，其中： ● file：文件的路径 ● mode：打开方式 ● flags：可选参数，用于设置权限

（续）

函数	描述
os.read(fd,n)	读取内容，其中： ● fd：文件被打开时生成的文件对象 ● n：读取的字节数
os.close(fd)	关闭文件，其中： ● fd：文件被打开时生成的文件对象
os.remove(path, dir_fd=None)	删除指定的文件，其中： ● path：要删除的文件路径 ● dir_fd：指定父目录的文件描述符，若提供，则将在该指定的目录下查找和删除文件
os.rmdir(path, dir_fd=None)	删除指定的目录。注意，要求目录为空。其中： ● path：要删除的目录路径 ● dir_fd：指定父目录的文件描述符，若提供，则将在该指定的目录下查找和删除目录
os.removedirs(path)	递归地删除指定目录及其所有子目录。与rmdir()函数不同的是，该函数会依次删除各级子目录，如果目录非空则抛出异常。其中： ● path：要删除的目录路径，可以是绝对路径或相对路径
os.rename(src, dst, src_dir_fd=None, dst_dir_fd=None)	将文件或目录从源路径重命名为目标路径，其中： ● src：要重命名的源文件路径或目录路径 ● dst：新的文件名或目录名 ● src_dir_fd：指定源目录的文件描述符，可选。若提供，则将在该指定的目录下查找并重命名源文件或目录 ● dst_dir_fd：指定目标目录的文件描述符，可选。若提供，则将在该指定的目录下重命名文件或目录
os.path.exists(path)	检查指定的路径是否存在，如果指定的路径存在，则返回True；否则，返回False。其中： ● path：要检查的文件或目录路径
os.path.isfile(path)	检查指定的路径是否为文件，其中： ● path：要检查的文件或目录路径
os.path.isdir(path)	检查指定的路径是否为目录，其中： ● path：要检查的文件或目录路径
os.path.join(path, *paths)	将多个路径字符串拼接成一个完整的路径。该函数会根据操作系统自动添加路径分隔符。其中： ● path：第一个路径字符串 ● *paths：零个或多个路径字符串
os.path.abspath(path)	获取指定路径的绝对路径，其中： ● path：要获取绝对路径的路径字符串
os.path.basename(path)	获取指定路径中的文件名部分，其中： ● path：要获取基本文件名的路径字符串
os.path.dirname(path)	获取指定路径中的目录部分，其中： ● path：要获取父目录路径的路径字符串

其中，当mode参数表示打开方式时，可选参数值见表5-4。

表5-4　mode表示打开方式时参数值

参数值	描述
os.O_RDONLY	只读模式
os.O_WRONLY	写入模式
os.O_RDWR	读写模式
os.O_CREAT	如果文件不存在则新建文件
os.O_EXCL	独占创建模式
os.O_TRUNC	若文件已存在，则清空文件内容
os.O_APPEND	追加模式

flags用于权限的设置，可选参数值见表5-5。

表5-5　flags参数值

参数值	描述
stat.S_IXOTH	其他用户有执行权
stat.S_IWOTH	其他用户有写权限
stat.S_IROTH	其他用户有读权限
stat.S_IRWXO	其他用户有全部权限
stat.S_IXGRP	组用户有执行权限
stat.S_IWGRP	组用户有写权限
stat.S_IRGRP	组用户有读权限
stat.S_IRWXG	组用户有全部权限
stat.S_IXUSR	拥有者有执行权限
stat.S_IWUSR	拥有者有写权限
stat.S_IRUSR	拥有者有读权限
stat.S_IRWXU	拥有者有全部权限
stat.S_ISVTX	拥有者有删除权限

任务实施

通过对文件操作与os模块使用等相关知识的学习，完成文件之间的相互备份，步骤如下。

扫码观看视频

第一步：提示输入文件，代码如下。

oldFileName = input("请输入要创建的文件名: ")

输入文件效果如图5-1所示。

```
C:\Users\12406\AppData\Local\Programs\Python\Python311\python.exe
 C:\Users\12406\Desktop\pythonProject\file.py
请输入要创建的文件名:test.txt

Process finished with exit code 0
```

图5-1　输入文件

第二步：以写的方式打开文件并写入内容，代码如下。

oldFile = open(oldFileName, 'w', encoding="utf8")
oldFile.write("水浒传，鲁智深\n红楼梦，林黛玉\n西游记，金蝉子")
oldFile.close()

第三步：再次打开上面的文件并读取文件内容，代码如下。

f = open(oldFileName, 'r', encoding="utf8")
context = f.readlines()
print(context)
f.close()

查看文件内容效果如图5-2所示。

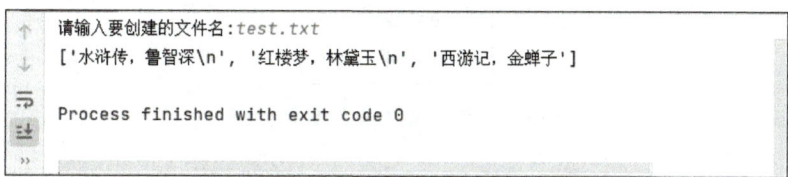

图5-2　查看文件内容

第四步：提取文件名的扩展名并组织新文件的名称，代码如下。

fileFlagNum = oldFileName.rfind('.')
if fileFlagNum > 0:
　　fileFlag = oldFileName[fileFlagNum:]
newFileName = oldFileName[:fileFlagNum] + '副本' + fileFlag
print(newFileName)

组织新文件名称效果如图5-3所示。

图5-3　组织新文件名称

第五步：创建新的文件副本，代码如下。

newFile = open(newFileName, 'w',encoding="utf8")
for lineContent in context:
　　print(lineContent)
　　newFile.write(lineContent)
newFile.close()

第六步：打开写入的新文件，读取内容并输入到终端，代码如下。

f = open(newFileName, "r", encoding="utf8")
context = f.read()
print(context)
f.close()

查看副本文件内容效果如图5-4所示。

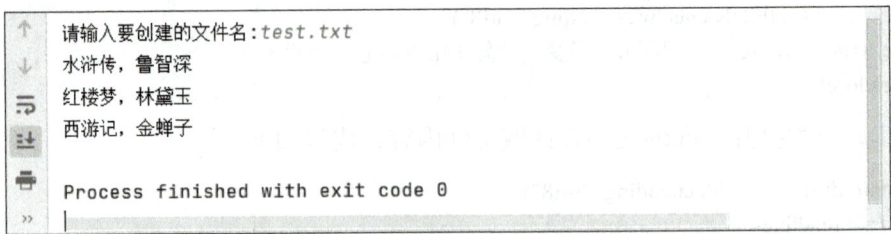

图5-4　查看副本文件内容

第七步：查看副本文件是否存在，效果如图5-5所示。

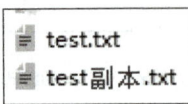

图5-5　查看副本文件是否存在

任务2　为Python程序添加异常处理操作

任务描述

异常处理是编程中的一种技术，用于捕捉和处理程序运行时可能出现的错误和异常情况。通过对可能出现的异常情况进行预测和分析，可以在程序中添加特定的异常处理机制，以便及时发现、诊断和修复问题。本任务主要完成程序中异常处理功能的添加，在任务实施的过程中，熟悉Python中常见的内置异常，掌握异常处理语句的使用。

在程序编写中，异常处理是编程中的重要概念，可以帮助我们更好地处理程序运行时发生的错误和异常情况。在生活中，错误和异常同样不可避免。失败、挫折和不如意都可能会给我们带来失落和打击。我们应该接受错误和异常，而不是逃避或否认它们的存在。只有当我们正视问题时，才能更好地解决它们。同时，在面对错误和异常时，我们也要学会保持冷静、沉着，敢于啃硬骨头，敢于涉险滩，敢于面对新矛盾新挑战，不要被负面情绪所影响，可以迅速找到解决问题的方法和把握成功的机会。

知识准备

一、认识异常

异常是指程序执行过程中遇到错误或异常情况时，Python解释器会抛出一个异常对象，程序可以捕获并处理这些异常，从而保证程序的稳定性和安全性。

在Python中，异常分为内置异常和自定义异常。内置异常是由解释器或运行时库引发的异常，常见内置异常见表5-6。

表5-6 常见内置异常

异常	描述
BaseException	所有异常的基类
Exception	所有非系统退出或者中断的异常的基类
ArithmeticError	数学运算错误的基类，包括除数为零、无穷大等情况
SystemExit	当Python解释器接收到sys.exit()调用时引发此异常
KeyboardInterrupt	用户取消程序执行时引发的异常
SyntaxError	语法错误时引发的异常
StopIteration	迭代器没有更多的元素时引发的异常
AssertionError	断言失败时引发的异常
NameError	尝试访问一个不存在的变量或函数时引发的异常
TypeError	操作或函数应用于不适当类型的对象时引发的异常
ValueError	传递给函数的参数类型正确但值不合适时引发的异常
IOError	输入输出操作引发的异常，例如打开文件、读写文件等
IndexError	索引超出序列范围时引发的异常
KeyError	在映射中查找一个不存在的键时引发的异常
FileNotFoundError	文件不存在时引发的异常
AttributeError	访问对象没有的属性时引发的异常
ZeroDivisionError	除数为零时引发的异常
IndentationError	缩进错误时引发的异常
MemoryError	内存耗尽时引发的异常

自定义异常是开发人员根据具体业务需要自定义的异常类型，通常继承自Exception类或其子类，语法格式如下。

```
class CustomError(Exception):
    pass
```

例如，定义一个名为"MyException"的自定义异常类，它继承了标准异常类Exception。之后重写__init__()方法以添加自定义的"message"属性。最后使用raise语句抛出这个异常，并在except块中捕获并处理该异常，代码如下。

```
class CustomError(Exception):
    pass
# 自定义一个继承自Exception的异常类
class MyException(Exception):
    def __init__(self, message):
        self.message = message
try:
    raise MyException("这是我的异常")
except MyException as e:
    print(e.message)
```

二、异常处理

当程序出现异常时，如果没有进行特殊的处理，Python解释器会打印出异常信息，然后终止程序的执行。但是，在实际开发中，通常需要对异常进行捕获和处理，以保证程序的正常运行。

1. try…except语句

try…except是Python中用于异常处理的重要机制，可以捕获可能出现的异常并执行相应的操作，从而保证程序的稳定性和可靠性。其中，try代码块中包含可能会抛出异常的代码，而except代码块则包含针对特定异常类型进行处理的代码，try…except语句处理异常流程如图5-6所示。

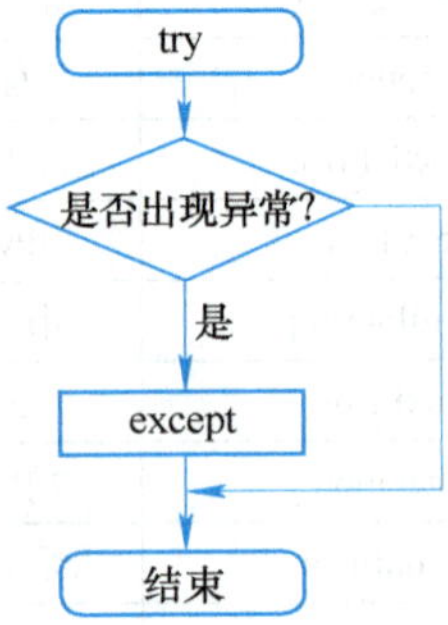

图5-6　try…except语句处理异常流程

语法格式如下。

```
try:
    # 可能会发生异常的代码块
except 异常类型1:
    # 处理异常类型1的代码块
except 异常类型2:
    # 处理异常类型2的代码块
...
```

其中，try代码块中放置可能会出现异常的代码，如果异常被抛出，则该块中余下的代码将被跳过。然后，如果异常类型与第一个except匹配，就会执行第一个except代码块中的代码；如果不匹配，则异常会传递到下一个except代码块中。如果异常没有被任何一个except代码块处理，则会传递到上一级try代码块（如果有）或最终传递到程序外部并导致程序崩溃。

例如，使用try…except语句捕获除法计算时可能出现的ValueError和ZeroDivisionError异常，代码如下。

```
try:
    x = int(input("请输入一个数："))
    y = 10 / x
except ValueError:
    print("无效的输入")
except ZeroDivisionError:
    print("除数不能为零")
```

另外，在except语句中，还可以通过添加"as"关键字指定一个变量名来保存异常对象，之后可以使用该变量来获取异常的信息（例如，异常类型、错误消息等），语法格式如下。

```
try:
    # 可能会发生异常的代码块
except 异常类型 as 异常变量:
    # 处理异常的代码块
```

在该语法结构中，如果try代码块中的代码抛出了指定的异常类型，则会进入相应的except代码块中，同时将异常的详细信息存储到指定的异常变量中。异常变量可以是任意有效的Python变量名，它的作用是允许在except块中访问有关异常的信息，例如，异常类型、异常消息等。

例如，在将字符串"abc"转换成整数时，抛出ValueError异常并输出异常的相关信息，代码如下。

```
try:
    x = int("abc")
except ValueError as e:
    print("出现了 ValueError 异常: ", e)
```

2. try…except…else语句

try…except…else语句是try…except语句的升级，在try…except语句的基础上增加了else语句，用于指定没有异常发生时需要执行的代码块。当try语句块中的代码没有引发任何异常时，else语句块中的代码将被执行。try…except…else语句处理异常流程如图5-7所示。

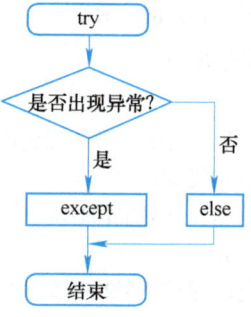

图5-7　try…except…else语句处理异常流程

语法格式如下。

```
try:
    # 可能会发生异常的代码块
except 异常类型1:
    # 处理异常类型1的代码块
except 异常类型2:
    # 处理异常类型2的代码块
…
else:
    # 如果 try 代码块中没有发生任何异常，则会执行 else 代码块
```

需要注意的是，如果except代码块中没有匹配到抛出的异常类型，那么程序仍会抛出异常，并且else中的代码也不会被执行。

例如，使用try…except…else语句来处理可能出现的异常，代码如下。

```
try:
    x = int(input("请输入一个整数: "))
    y = 10 / x
except ValueError as e:
    print("无效的输入：", e)
except ZeroDivisionError as e:
    print("除数不能为零：", e)
else:
    print("计算结果是：", y)
```

在上述示例中，try代码块中尝试将用户输入的字符串转换成整数，并计算10除以该整数。如果用户输入无效的字符串或者除数为零，则会抛出相应的异常并被except代码块捕获处理；否则，如果转换及计算成功，则会执行else代码块中的计算结果输出操作。

3. finally语句

finally语句是Python中用于try…except语句的一种结构，它在try或except代码块执行完毕后必定会执行，且无论前面的代码是否抛出异常。通常情况下，finally语句被用来释放资源或进行一些必要的清理工作。finally语句处理异常流程如图5-8所示。

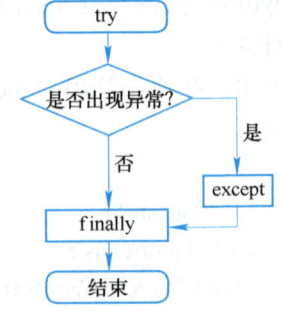

图5-8 finally语句处理异常流程

语法格式如下。

```
try:
    # 可能会发生异常的代码块
except 异常类型1:
    # 处理异常类型1的代码块
except 异常类型2:
    # 处理异常类型2的代码块
…
finally:
    # 必须执行的代码块，通常用于资源的释放和清理工作
```

需要注意的是，虽然finally代码块必须会被执行，但是并不代表一定会在try…except结构中的异常处理完毕后才会执行。如果在try或except代码块执行期间发生了无法处理的错误（例如，计算机死机等），则程序可能会在finally代码块之前就停止运行。

例如，尝试打开一个文件进行写入操作，之后判断是否出现IOError异常，最后在finally代码块中关闭该文件，以确保程序正常结束，代码如下。

```
try:
    f = open("myfile.txt", "w")
    f.write("Hello, world!")
except IOError:
    print("IOError occurred.")
finally:
    f.close()
```

4. raise关键字

raise是Python中一种用于手动抛出异常的关键字。通常情况下，Python解释器会在程序发生错误时自动抛出异常，但当程序出现错误或逻辑不符合预期时，可以使用raise关键字来创建和抛出异常来表示某个特定的错误或状态，以便中断程序的执行并进行相应的错误处理，语法格式如下。

```
raise ExceptionType("Error message")
```

其中，ExceptionType是一个异常类，可以是内置的异常类（例如，ValueError、TypeError等），也可以是自定义的异常类；"Error message"是一个字符串，用于描述异常的具体信息。

例如，定义一个用于实现整数的除法操作的函数，如果参数y等于0，则会抛出ZeroDivisionError异常并通过"raise"关键字来将异常抛出，同时传递一个自定义的异常信息"除数不能为0！"，否则，就会执行除法操作并返回结果，代码如下。

```
def divide(x, y):
    if y == 0:
        raise ZeroDivisionError("除数不能为 0！")
    return x / y
print(divide(5, 2))
print(divide(3, 0))
```

需要注意的是，在使用"raise"关键字时，应该尽可能地提供有意义的错误消息，以便于其他开发者理解和修复问题。但过度使用"raise"可能会导致程序结构过于复杂，因此建议在实际编程中慎重使用"raise"关键字。

任务实施

通过对异常处理概念以及异常处理语句相关知识的学习，基于异常处理完成猜数游戏的实现，步骤如下。

第一步：随机生成一个20~80之间的数字，代码如下。

```
import random
secret=random.randint(20,80)
```

第二步：编写头部提示信息，代码如下。

```
print("----------欢迎参加猜数游戏----------")
print("你一共有6次机会，祝你好运！")
high=80
low=20
count=0
```

头部提示效果如图5-9所示。

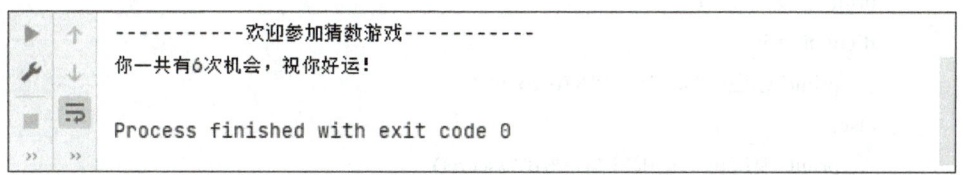

图5-9 头部提示

第三步：通过for循环设置游戏次数限制，超过6次提示游戏结束，代码如下。

```
for i in range(0,7):
    print("游戏结束")
```

第四步：输入文字限制，并要求输入内容必须为整数，代码如下。

```
for i in range(0,7):
    try:
        guess=int(input("@数字区间为%d-%d,请输入你猜的数字"%(low,high)))
    except ValueError as e:
        print('输入内容必须为整数！')
        continue
```

第五步：猜数判断，如果正确则输出"你猜测×次，猜对了，真厉害"，猜小了则输出"猜小了！"，猜大了则输出"猜大了！"，代码如下。

```
for i in range(0,7):
    try:
        guess=int(input("@数字区间为%d-%d,请输入你猜的数字"%(low,high)))
    except ValueError as e:
        print('输入内容必须为整数！')
        continue
    count=count+1
    if guess==secret:
        print("你猜了%d次，猜对了，真厉害"%count)
        break
    elif guess<secret:
        low=guess+1
        print("猜小了！")
        if count<=5:
            print("你还有%d次机会"%(6-count))
        else:
            print("很遗憾，正确答案是%d"%secret)
            break
    elif guess>secret:
        high=guess-1
        print("猜大了！")
        if count<=5:
            print("你还有%d次机会"%(6-count))
        else:
            print("很遗憾，正确答案是%d"%secret)
            break
print("游戏结束")
```

猜数效果如图5-10所示。

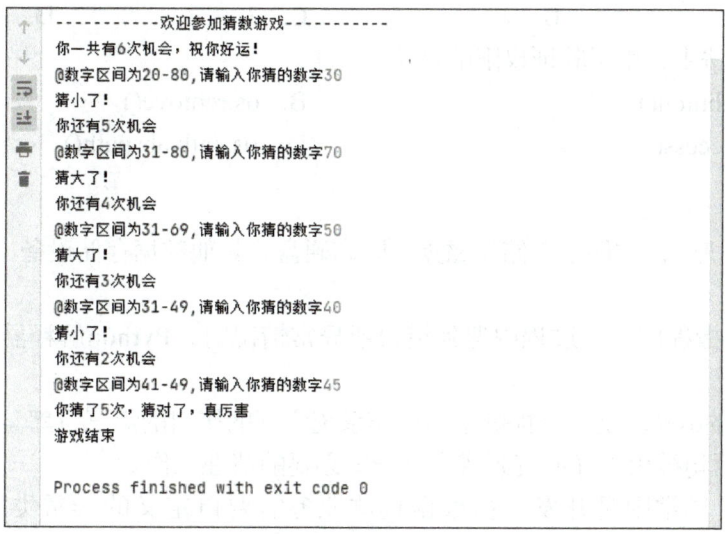

图5-10　猜数效果

本项目通过Python程序中异常处理操作添加的实现，熟悉了Python中常见的异常以及如何自定义异常。掌握了异常处理语句的使用，可以通过"raise"关键字触发异常，并能够通过所学知识完成异常处理功能的添加。

1. 选择题

（1）下列函数中，用于按行读取的是（　　）。

　　A．read()　　　　　　　　　　　B．readline()
　　C．writelines()　　　　　　　　　D．write()

（2）下列模式中，表示读写模式的是（　　）。

　　A．os.O_RDWR　　　　　　　　B．os.O_WRONLY
　　C．os.O_RDONLY　　　　　　　D．os.O_APPEND

（3）下列（　　）是所有异常的基类。

　　A．Exception　　　　　　　　　B．BaseException
　　C．ArithmeticError　　　　　　　D．SyntaxError

（4）异常处理语句有（　　）种类型。
  A. 1　　　　　　B. 2　　　　　　C. 3　　　　　　D. 4
（5）下列方法中，用于验证权限的是（　　）。
  A. os.chmod()　　　　　　　　　B. os.remove()
  C. os.access()　　　　　　　　　D. os.path.abspath()

2. 判断题

（1）在计算机中，文件是存储在磁盘、固态硬盘或其他数据存储设备上的一组信息。
（　　）
（2）异常是指程序执行过程中遇到错误或异常情况时，Python解释器会抛出一个异常对象。（　　）
（3）Python的os模块是一个提供了与操作系统交互的接口的第三方库。（　　）
（4）finally语句被用来释放资源或进行一些必要的清理工作。（　　）
（5）自定义异常则是开发人员根据具体业务需要自定义的异常类型，通常继承自Exception类或其子类。（　　）

3. 简答题

（1）简述try…except语句异常处理流程。
（2）简述5个常见内置异常及其作用。

学习评价

通过学习本项目，看自己是否掌握了以下技能，在技能检测表中标出已掌握的技能。

评价标准	个人评价	小组评价	教师评价
（1）能够操作本地文件			
（2）能够为Python程序添加异常处理操作			

注：A为能做到；B为基本能做到；C为部分能做到；D为基本做不到。

项目 6

使用 Python 模块

项目导言

网页数据采集是指从网页中获取所需的信息,通常情况下,使用Python编程语言来实现。Python提供了许多库和工具,例如,urllib、Requests、re和PyMySQL等,可以发送HTTP请求、解析HTML页面并在提取所需内容后将其保存。网页数据采集可以用于各种用途,例如,市场调查、竞争分析和舆情监测等。但在进行网页数据采集时,需要注意反爬虫机制、请求频率限制和数据质量等问题。本项目主要通过urllib、re和PyMySQL等Python模块的组合实现网页数据的采集与存储。

学习目标

- 了解Python模块的作用;
- 熟悉正则表达式组成;
- 掌握Python中数据库的连接;
- 掌握正则表达式元字符含义;
- 具备使用正则表达式匹配文本的能力;
- 具备Python模块下载安装的能力;
- 具备网页数据采集与存储的能力;
- 具备精益求精、坚持不懈的精神;
- 具有良好的行为习惯和良好的心理素质;
- 具备灵活的思维和处理分析问题的能力;
- 具有发现问题、分析问题和解决问题的能力。

任务1 使用urllib模块获取网页数据

任务描述

网络爬虫（Web Spider）也叫作网页蜘蛛、网络机器人和网络追逐者。它是一种脚本程序，可以高效准确地将网络上所需的信息进行自动提取。本任务主要通过对Python集成的urllib库相关知识实现网络爬虫程序制作。在任务实现过程中，简单讲解了urllib库的相关概念，并在任务实施案例中进行urllib库相关模块的使用。

在软件开发领域，团结合作的最佳途径就是开源。在Python里，包含众多开源开发者贡献，例如，urllib库、Requests库和Scrapy框架等。软件开源运动的发展，极大地提高了人们的工作效率，促进了社会文明的进步。作为软件工作者，应该坚持党管人才原则，坚持尊重劳动、尊重知识、尊重人才、尊重创造。

知识准备

urllib是Python内置的一个HTTP请求库，其提供了多个方便的接口，可以发送HTTP/HTTPS请求、处理URL和编解码等操作。目前，urllib模块包含了request、error、parse和robot四个子模块。其中，request和error是实现数据采集功能最常用的两个模块。

一、request模块

在urllib中，request模块提供了许多与网络通信相关的功能，可以用来向HTTP/HTTPS服务器发送请求并获取响应结果，以实现数据的获取或提交，并通过该模块中的函数和类来实现常见的HTTP操作，如：向指定URL发送请求，并获取响应结果；发送POST请求，并添加数据；添加请求头部信息；处理Cookies，以便在请求之间保持会话；处理重定向；指定代理；HTTP认证。

request模块包含的常用函数见表6-1。

表6-1 request模块包含的常用函数

函数	描述
urlopen()	用于向指定URL发送请求，并获取响应结果
Request()	构造一个HTTP请求
urlencode()	将字典、元组列表等对象转换为URL编码格式
urlretrieve()	用于以文件形式下载指定URL的内容

（1）urlopen()

在request模块中，urlopen()函数支持HTTP、HTTPS、FTP和文件等多种协议，并在指定请求方式、请求头等信息后打开指定的URL，语法格式如下。

urllib.request.urlopen(url, data=None, timeout=socket._GLOBAL_DEFAULT_TIMEOUT, cafile=None, capath=None, cadefault=False, context=None)

find()方法参数说明见表6-2。

表6-2　find()方法参数

参数	描述
url	要访问的URL地址，可以是字符串类型的URL，也可以是一个Request对象
data	发送给服务器的数据。如果为None，则发送GET请求；否则，发送POST请求并把数据添加到请求体中
timeout	设置超时时间，单位为秒。如果访问时响应时间超过了这个设定的时间，则会抛出异常。默认值为全局超时，默认超时时间为socket._GLOBAL_DEFAULT_TIMEOUT
cafile	用于指定SSL/TLS证书文件的路径，默认值为None
capath	用于指定SSL/TLS证书文件夹的路径，默认值为None
cadefault	指示是否使用默认的SSL/TLS验证机制，默认值为False
context	指定ssl.SSLContext实例，用于为HTTPS请求配置SSL/TLS，默认值为None

例如，使用urlopen()函数访问地址"http://www.example.com/"，代码如下。

import urllib.request
response = urllib.request.urlopen('http://www.example.com/')

需要注意的是，urlopen()函数在读取响应内容时会将整个响应内容加载到内存中，对于大文件或网络延迟较高的情况可能会导致程序崩溃或资源耗尽。因此，在处理大文件时，建议使用其他方式进行下载和处理，例如，使用requests库等。

另外，urlopen()函数在完成URL地址的访问后，会返回一个类文件对象（Response），其包含多项内容，如：

1）状态码：表示服务器返回的状态代码，是服务器返回的一个三位数字代码，用于表示HTTP请求的处理结果。HTTP响应状态码有5类，各代表不同的含义，HTTP响应状态码类别见表6-3。

表6-3　HTTP响应状态码类别

类别	描述
1xx	信息性状态码，表示服务器已经接收到请求并正在处理
2xx	成功状态码，表示服务器已经成功地接收、理解和接受请求
3xx	重定向状态码，表示客户端需要执行额外的操作才能完成请求
4xx	客户端错误状态码，表示客户端请求有语法错误或者请求无法实现
5xx	服务器错误状态码，表示服务器在处理请求时发生了错误

常见的HTTP响应状态码及其含义见表6-4。

表6-4　常见的HTTP响应状态码及其含义

状态码	含义
200 OK	服务器成功返回请求的数据
201 Created	请求已经被实现，新的资源已经被创建
204 No Content	服务器成功处理了请求，但没有返回任何内容
301 Moved Permanently	请求的网页已被永久移动到新的位置
304 Not Modified	请求的资源未修改，服务器返回此响应时，不会返回资源的内容
400 Bad Request	请求语法错误
401 Unauthorized	请求需要用户验证
403 Forbidden	服务器拒绝请求
404 Not Found	请求的资源不存在
500 Internal Server Error	服务器内部错误

2）头部信息：表示服务器返回的HTTP头部信息。

3）响应内容：表示服务器返回的内容。

对于Response对象，开发人员可以通过其提供的方法和属性获取服务器返回的各种信息，Response对象常用方法和属性见表6-5。

表6-5　Response对象常用方法和属性

方法和属性	描述
status_code/code	获取HTTP请求的响应状态码
headers	获取响应头信息，以字典形式返回
text	获取响应内容，以字符串形式返回
content	获取响应内容，以字节形式返回
url	获取HTTP响应的最终URL
json()	将响应内容解析成JSON格式的数据，以Python对象形式返回
read([size])	读取响应内容，并以字节形式返回。如果指定了size参数，则最多读取size个字节
readline()	读取响应内容中的一行，并以字节形式返回
readlines()	读取所有数据，并将数据拆分成一个行列表
getcode()	获取状态码
geturl()	获取请求的URL地址
decode(encoding='utf-8', errors='strict')	将字节串转换为字符串，使用指定的编码方式进行解码，默认使用utf-8编码。该方法返回一个字符串类型数据
getheaders()	获取所有的响应头信息，返回一个列表，每个元素为（name, value）二元组
info()	获取响应头信息，等同于调用getheaders()方法
getheader(name, default=None)	获取指定名称的响应头信息，如果不存在该头信息，则返回默认值

例如，使用Response对象的常用方法和属性访问其包含内容，代码如下。

```
import urllib.request
response = urllib.request.urlopen('http://www.example.com/')
# 获取 HTTP 响应状态码
print(response.code)
# 获取 HTTP 响应头部信息
print(response.headers)
# 获取 HTTP 响应的最终 URL
print(response.url)
# 读取响应内容并将其转换为字符串格式
html = response.read().decode('utf-8')
print(html)
# 读取响应内容中的前 100 个字节并将其转换为字符串格式
content = response.read(100).decode('utf-8')
print(content)
# 读取响应内容中的第一行并将其转换为字符串格式
line = response.readline().decode('utf-8')
print(line)
# 获取 HTTP 响应头部信息
headers = response.info()
print(headers)
# 获取指定名称头部的值
server = response.getheader('Server')
print(server)
# 获取所有头部信息
all_headers = response.getheaders()
print(all_headers)
```

需要注意的是，每次调用read()方法或readline()方法都会从网络中读取数据，因此在处理大量数据时可能会比较慢。如果数据量较大，可以考虑分批读取。

（2）Request()

在urllib库中，Request()函数用于构造HTTP请求，并返回一个类似请求的对象。通过这个对象，可以设置请求头、请求方法和请求参数等信息，并发送请求到指定的URL地址。通过这种方式，可以更好地控制HTTP请求的参数，以便与特定的API接口进行交互，并在代码中提高复用性。Request()函数语法格式如下。

```
urllib.request.Request(url, data=None, headers={}, method=None)
```

Request()函数参数说明见表6-6。

表6-6　Request()函数参数

参数	描述
url	要访问的URL地址
data	要发送的数据，如果不需要发送数据，则该参数可省略，默认为None
headers	请求头信息，为一个字典类型数据，默认为空字典，包含信息如下： ● User-Agent：客户端使用的操作系统和浏览器的名称和版本 ● accept：浏览器端可以接受的媒体类型 ● Accept-Encoding：编码方法 ● Accept-Language：支持语言
method	HTTP请求方法，常用方法如下： ● GET：获取网页 ● POST：提交信息 ● HEAD：获取头部信息 ● PUT：提交信息，原信息被覆盖 ● DELETE：提交删除请求

例如，使用Request()函数创建一个请求对象req，其中传入了URL地址和请求头信息，最后，使用urlopen()函数发送HTTP请求，并读取响应内容，代码如下。

```
import urllib.request
url = 'http://www.example.com/'
headers = {'User-Agent': 'Mozilla/5.0 (Windows NT 10.0; Win64; x64) AppleWebKit/537.36 (KHTML, like Gecko) Chrome/58.0.3029.110 Safari/537.3'}
req = urllib.request.Request(url, headers=headers)
response = urllib.request.urlopen(req)
html = response.read().decode('utf-8')
print(html)
```

需要注意的是，在构造请求时需要确保请求方法和请求头信息是正确的，否则可能会导致请求失败或者服务器返回错误信息。

（3）urlencode()

urlencode()是Python内置的一个URL编码函数，它主要用于将字典类型的数据编码为URL编码格式，并返回字符串类型的结果。URL编码是指将URL中的特殊字符转换为对应的ASCII码表示，以便在不同的系统之间传输和识别。urlencode()函数语法格式如下。

urllib.parse.urlencode(query, doseq=False, safe='', encoding=None, errors=None, quote_via=quote_plus)

replace()方法参数说明见表6-7。

表6-7　replace()方法参数

参数	描述
query	需要进行编码的参数字典或者包含二元组的可迭代对象
doseq	当值为True时，会对字典中每个元素的值都进行编码；当值为False时，只对字典的键进行编码，默认为False
safe	指定某些字符不需要进行编码，例如，"-"".."等，默认为空字符串
encoding	指定编码方式，默认为utf-8
errors	指定编码错误处理方式，默认为"replace"
quote_via	指定使用哪种编码方式，默认为quote_plus()函数

例如，使用urlencode()函数进行URL编码，代码如下。

```
import urllib.parse
params = {
    'name': 'Jack',
    'age': '18',
    'gender': 'male'
}
qs = urllib.parse.urlencode(params)
print(qs)  # 输出：name=Jack&age=18&gender=male
```

需要注意的是，urlencode()函数只能对参数进行编码，并不能对完整的URL进行编码。如果想对完整的URL进行编码，可以使用quote()函数或quote_plus()函数。

（4）urlretrieve()

urlretrieve()函数是一个HTTP文件下载工具，它可以方便地从网络上检索文件，并根据指定的URL地址将远程文件下载到本地，并保存为指定的文件，例如，图像、音频、视频、HTML页面和JSON数据等，语法格式如下。

```
urllib.request.urlretrieve(url, filename=None, reporthook=None, data=None)
```

split()方法参数说明见表6-8。

表6-8　split()方法参数

参数	描述
url	要下载的文件的URL地址
filename	保存为本地文件时的名称，如果未指定，则使用URL中的文件名
reporthook	回调函数，用于显示下载进度和状态信息
data	POST请求时需要传输的数据

例如，使用urlretrieve()函数下载Python官网的Logo图片，并将其保存到当前目录下的python-logo.png文件中，代码如下。

```
import urllib.request
url = 'https://www.python.org/static/img/python-logo.png'
# 从URL检索图像，并将其存储到本地文件
urllib.request.urlretrieve(url, 'python-logo.png')
```

需要注意的是，使用urlretrieve()函数进行文件下载时，程序会阻塞直到整个文件下载完成。如果需要异步下载文件，则需要使用多线程或异步IO技术。

二、error模块

error模块是urllib的一个异常处理模块，它提供了一些与网络相关的异常类，用于在网络编程中捕获和处理异常，并提供更好的代码鲁棒性，在使用时需先导入import urllib.error。error模块中包含了多个异常类，可以用来捕获常见的网络异常情况，例如，连接超时、DNS解析错误和HTTP错误等，error模块常用异常类见表6-9。

表6-9　error模块常用异常类

异常类	描述
URLError	如果在访问URL时发生错误（例如，网络连接失败、DNS查询失败等），则会抛出URLError异常。URLError包含以下几个属性： ● reason：错误原因，可以是一个字符串或一个异常对象 ● errno：错误号 ● filename：URL对应的文件名，如果没有则为None ● args：一个元组，包含其他额外的异常信息
HTTPError	在发送HTTP请求时，如果服务器返回了错误响应，则会抛出HTTPError异常。HTTPError是URLError的子类，包含以下几个属性： ● code：HTTP状态码 ● reason：状态码对应的文本信息 ● headers：响应头信息
ContentTooShortError	如果下载的内容长度小于指定长度，则会抛出ContentTooShortError异常。ContentTooShortError继承自URLError，包含以下几个属性： ● length：实际下载的内容长度 ● expected_length：预期的内容长度

例如，在访问地址"http://www.example.com/"时做异常处理操作，如果遇到HTTP错误或URL错误，则捕获对应的异常并打印错误信息。如果没有遇到异常，则读取响应内容并输出，代码如下。

```
import urllib.request
import urllib.error
try:
    # 发送HTTP请求
    response = urllib.request.urlopen('http://www.example.com/')
except urllib.error.HTTPError as e:
    print('HTTPError:', e.code, e.reason)
except urllib.error.URLError as e:
    print('URLError:', e.reason)
else:
    # 读取响应内容并将其转换为字符串格式
    html = response.read().decode('utf-8')
    print(html)
```

任务实施

通过上面的学习，掌握了urllib库包含相关模块的使用，通过以下几个步骤，完成新闻资讯页面数据采集。

扫码观看视频

第一步： 打开浏览器，输入网站地址：https://cloud.inspur.com/about-inspurcloud/about-us/news/All-News/index.html，进入新闻资讯页面，页面效果如图6-1所示。

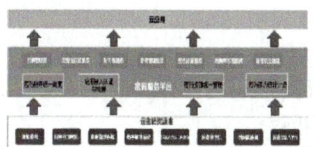  

图6-1　页面效果

第二步：打开代码查看工具，定位到新闻信息区域并展开，分析代码结构，如图6-2所示。

```
▼<ul class="new_cont_bot_ul clearfix">
   ::before
  ▼<li class="ncbu_li fl">
    ▼<a href="https://cloud.inspur.com/about-inspurcloud/about-us/news/All-News/3359.html" title>
      ▼<div class="ys_imgbox_cover">
          <img src="/cn/template/images/1_pics14.png" alt>
          <img src="/cn/upload/2023-05-31/1685524....jpg" alt>
        </div>
      ▼<div class="ncbu_li_cont">
          <div class="ncbu_li_cont_tit">技术赋能！浪潮云两项目入选2023年"政务云创新实践案例"</div>
        ▼<div class="ncbu_li_cont_parga std_text">
          ▼<p>
              "以数字政府建设全面引领驱动数字化发展，未来，浪潮云将继续坚持以数据为核心，在数据云的支
              撑下，提供支撑可信数据空间的分布式数据基础设施服务，为"数采-数算-数用"的全生命周期提供支
              撑能力，推动实现数据的可信流通、持续运营，为政企上云用数赋能"
            </p>
          </div>
        ▼<div class="ncbu_li_cont_time std_text">
            <p>2023-05-31</p>
          </div>
          ::after
        </div>
      </a>
    </li>
  ▶<li class="ncbu_li fl">…</li>
  ▶<li class="ncbu_li fl">…</li>
  ▶<li class="ncbu_li fl">…</li>
  ▶<li class="ncbu_li fl">…</li>
  ▶<li class="ncbu_li fl">…</li>
  ▶<li class="ncbu_li fl">…</li>
  ▶<li class="ncbu_li fl">…</li>
   ::after
 </ul>
```

图6-2　查看并分析页面代码结构

第三步： 打开PyCharm，创建NewsInformation.py文件，导入项目所需的相关模块，代码如下。

```
from urllib import request
```

第四步： 通过Request()方法设置请求头，之后通过urlopen()方法抓取页面内容，代码如下。

```
header = {
    "User-Agent": "Mozilla/5.0 (Windows NT 10.0; Win64; x64) AppleWebKit/537.36 (KHTML, like Gecko) Chrome/90.0.4430.93 Safari/537.36"}
# 抓取设置
url = request.Request("https://cloud.inspur.com/about-inspurcloud/about-us/news/All-News/index.html", headers=header)
# 提交请求
reponse = request.urlopen(url)
print(reponse)
```

抓取页面内容如图6-3所示。

```
C:\Users\12406\PycharmProjects\Scripts\python.exe C:\Users\12406\P
<http.client.HTTPResponse object at 0x000002B504FE10C0>

Process finished with exit code 0
```

图6-3　抓取页面内容

第五步： 通过read()方法读取Response对象中包含的页面内容，代码如下。

```
# 读取结果
html=reponse.read().decode("utf-8")
print(html)
```

读取Response对象中的页面内容如图6-4所示。

```
C:\Users\12406\PycharmProjects\Scripts\python.exe C:\Users\12406\PycharmProjects\python
<!DOCTYPE html>
<html lang="zh-CN">
<head>
    <meta charset="UTF-8">
    <meta http-equiv="X-UA-Compatible" content="IE=edge" />
    <meta name="viewport" content="width=device-width, initial-scale=1.0, maximum-scale
    <meta name="applicable-device" content="pc,mobile">
    <meta name="format-detection" content="telephone=no, email=no" />
    <meta name="renderer" content="webkit">
    <meta name="description" content="浪潮云是首批国家机关云服务供应商，作为行业云的引领者，浪潮云
    <meta name="keywords" content="浪潮云官网，浪潮云，浪潮云网站" />
    <title>全部</title>
    <link rel="icon" href="/cn/template/images/favicon.svg" type="image/x-icon" />
    <link href="/cn/template/fonts/iconfont/iconfont.css" type="text/css" rel="styleshe
    <link href="/cn/template/css/bootstrap.min-v3.3.5.css" type="text/css" rel="stylesh
    <link href="/cn/template/css/slick.min.css" type="text/css" rel="stylesheet" />
    <link href="/cn/template/css/animate.min.css" type="text/css" rel="stylesheet" />
    <link href="/cn/template/css/jquery.mCustomScrollbar.min.css" type="text/css" rel="
    <link href="/cn/template/css/base-v2.0.min.css" type="text/css" rel="stylesheet" />
    <link href="/cn/template/css/main.css" type="text/css" rel="stylesheet" />
    <link href="/cn/template/css/media.css" type="text/css" rel="stylesheet" />
    <script src="/cn/template/js/jquery-3.6.0.min.js"></script>
```

图6-4　读取Response对象中的页面内容

任务2 使用re模块过滤数据

任务描述

正则表达式是一种字符串处理工具，用于在文本中查找、替换和匹配指定模式的字符串。它最早出现于1951年，由数学家Stephen Kleene提出，被用来描述"正则集的代数"的表达式。本任务主要通过re模块相关知识实现网页的解析以及数据的提取。在任务实现过程中，简单讲解了正则表达式以及re模块的相关概念，并在任务实施中进行re模块的使用。

正则表达式其实是一种规则，它能够从不规范的一段文本中提取出重点内容并将其规范化。规则是无处不在的，规则是运行、运作规律所遵循的法则。《孟子·离娄上》有云："离娄之明，公输子之巧，不以规矩，不能成方圆。"进入职场后，除了遵守相应的公共规章制度、遵纪守法外，还需对自我进行约束，这就是职业素养。

知识准备

一、正则表达式

正则表达式（Regular Expression，通常缩写为regex、regexp或RE）是描述字符串模式的语言，是一种用于匹配字符串中模式的表达式，是一种强大的文本处理工具。使用正则表达式可以有效地从文本中查找、替换和提取所需信息。

1. 正则表达式字符

正则表达式由普通字符和特殊字符组成，其中，特殊字符也被称为元字符，它们具有特殊的含义；除了特殊字符外，正则表达式中的所有字符都是普通字符，它们只匹配它们所代表的字面意思。正则表达式常用字符见表6-10。

表6-10 正则表达式常用字符

字符	描述
.	匹配任意单个字符，除了换行符
*	匹配前面的元素零次或多次
+	匹配前面的元素至少一次
?	匹配前面的元素零次或一次
\	用于转义下一个字符，例如，"\."匹配一个点
^	匹配字符串开头

（续）

字符	描述
$	匹配字符串结尾
[]	匹配其中任意一个字符，例如，"[abc]"匹配a、b或c中的任意一个字符
[a-z]	匹配任意小写字母
[A-Z]	匹配任意大写字母
[0-9]	匹配任意数字
[^0-9]	匹配任意非数字字符
{n}	匹配n次
{n,}	匹配至少n次
{n,m}	匹配最少n次且最多m次
()	将多个元素组成一个整体进行匹配
|	匹配两个或多个分支中的任意一个。例如，"cat|dog"匹配cat或dog
\d	匹配数字字符
\D	匹配非数字字符
\w	匹配字母、数字和下画线
\W	匹配非字母、数字和下画线
\b	匹配单词边界，即字与空格间的位置
\B	匹配非单词边界
\f	匹配换页符
\n	匹配换行符
\r	匹配回车符
\t	匹配制表符
\s	匹配空白字符，包括空格、制表符和换页符
\S	匹配非空白字符

2. 正则表达式字符优先级

在正则表达式中，不同字符或元字符之间具有不同的优先级。当多个元字符出现在同一个正则表达式中时，它们按照优先级顺序进行匹配，一般来说，优先级高的元字符会优先匹配，然后考虑优先级低的元字符。优先级顺序从高到低依次为：转义符"\"；圆括号"()"、方括号"[]"、花括号"{}"和转换模式符"|"；量词元字符"*""+""?"和"{m,n}"等；锚定元字符"^"和"$"；匹配任意单个字符元字符"."；字符集合"[]"中的范围表示符"-"。

另外，在正则表达式中，可以使用括号"()"来改变默认的优先级。例如，"(ab)+"表示匹配一个或多个连续的"ab"，其中圆括号将"ab"视为一个整体进行匹配。

需要注意的是，正则表达式中还存在一些特殊情况，例如，贪婪匹配和非贪婪匹配。在默认情况下，正则表达式会尽可能地匹配更多的内容，这就是贪婪匹配，例如，".*"表示匹配任意数量的任意字符。如果要改为非贪婪匹配，在量词元字符后添加问号"?"即可，例如，".*?"表示匹配尽可能少的任意字符。

在编写正则表达式时,需要根据实际需求选择合适的元字符和优先级,并进行测试验证。

二、re模块

在Python中,使用标准库模块re来支持正则表达式。该模块提供了许多函数,可以用于执行各种操作,例如,匹配、搜索和替换等,re模块常用函数见表6-11。

表6-11 re模块常用函数

函数	描述
compile()	编译正则表达式
match()	从字符串开头开始匹配正则表达式
search()	在字符串中搜索与正则表达式匹配的第一个内容
findall()	在字符串中查找所有与正则表达式匹配的内容
finditer()	在字符串中查找所有与正则表达式匹配的内容
sub()	将字符串中所有匹配正则表达式的内容替换为指定字符串
split()	将字符串按照正则表达式进行分割

(1)compile()

compile()函数是re模块的基函数,主要用于对正则表达式的字符串形式进行编译,返回一个pattern对象,该对象可用于多次匹配操作,可以提高正则表达式的执行效率,语法格式如下。

re.compile(pattern, flags=0)

compile()函数参数说明见表6-12。

表6-12 compile()函数参数

参数	描述
pattern	一个字符串形式的正则表达式
flags	一个可选的标志参数,用于指定正则表达式的匹配模式,可选值有: ● re.IGNORECASE / re.I:忽略大小写进行匹配 ● re.MULTILINE / re.M:启用多行模式,在该模式下"^"和"$"会分别匹配行的开头和结尾 ● re.DOTALL / re.S:启用点号"."匹配任何字符,包括换行符 ● re.ASCII:仅匹配ASCII字符集 ● re.UNICODE / re.U:启用Unicode匹配 ● re.VERBOSE / re.X:启用详细模式,忽略正则表达式中的空白和注释,并允许使用"\n"分隔正则表达式

例如,使用compile()函数将匹配一个或多个数字字符的正则表达式编译为对象regex,代码如下。

```
import re
pattern = r'\d+'
regex = re.compile(pattern)
```

需要注意的是，通过compile()编译的正则表达式对象可以多次使用，在效率方面具有优势。此外，如果需要在多个地方使用相同的正则表达式，可以预先编译成对象，避免反复编译的开销。

（2）match()

match()函数是Python re模块中提供的一种用于匹配字符串的函数之一，它尝试从字符串的起始位置开始进行正则表达式的匹配，语法格式如下。

```
# pattern为正则表达式字符串
re.match(pattern, string, flags=0)
# pattern为正则表达式对象
pattern.match(string, flags=0)
```

match()函数参数说明见表6-13。

表6-13　match()函数参数

参数	描述
string	需要匹配的字符串
flags	用于指定正则表达式的匹配模式

例如，基于match()函数通过正则表达式判断一个字符串是否以数字开头，代码如下。

```
import re
s = '123abc'
m = re.match(r'\d+', s)
if m:
    print('匹配成功')
else:
    print('匹配失败')
```

需要注意的是，使用match()函数后，如果匹配成功，将返回一个Match对象，可以使用该对象的方法和属性获取匹配到的内容和位置信息；如果匹配失败，则返回None。Match对象方法和属性见表6-14。

表6-14　Match对象方法和属性

方法和属性	描述
group()	返回被匹配到的字符串
groups()	返回一个包含所有分组匹配的字符串的元组，如果没有捕获分组则返回空元组
groupdict()	返回一个包含所有具有名称的分组匹配的字典，键为分组名称，值为匹配到的字符串
start()	返回匹配的起始位置
end()	返回匹配的结束位置
span()	返回一个（start，end）元组，表示匹配字符串的起始位置和结束位置

例如，基于match()函数通过正则表达式判断一个字符串是否以数字开头，并获取匹配的结果，代码如下。

```python
import re
s = '123abc'
m = re.match(r'\d+', s)
if m:
    print('匹配成功')
    print(m.group())    # 输出 '123'
    print(m.start())    # 输出 0
    print(m.end())      # 输出 3
else:
    print('匹配失败')
```

需要注意的是，当使用正则表达式进行分组匹配时，group()、start()和end()等方法默认返回第一个分组的匹配结果，如果要获取其他分组的匹配结果，可以通过指定分组的索引或名称来获取。例如，group(1)和group(2)分别表示第1个和第2个分组的匹配结果。

（3）search()

search()函数，用于在字符串中搜索并返回第一个匹配正则表达式的位置。并且，search()函数在使用时与match()函数相同。与match()函数不同之处在于，search()函数会扫描整个字符串，并返回一个Match对象，如果没有找到匹配，则返回None。

例如，基于search()函数通过正则表达式判断一个字符串是否以数字开头，并获取匹配的结果，代码如下。

```python
import re
s = 'abc123def'
m = re.search(r'\d+', s)
if m:
    print('匹配成功')
    print(m.group())    # 输出 '123'
else:
    print('匹配失败')
```

需要注意的是，search()函数会扫描整个字符串，因此比match()函数的效率更低。如果只需在字符串开头进行匹配，则应该使用match()函数。

（4）findall()

相比于search()函数和match()函数，findall()函数可以在整个字符串中搜索符合正则表达式模式的所有子串，并以列表的形式返回匹配结果，其中每个元素是一个匹配到的非重叠子串，适用于查找多个匹配结果的情况。findall()函数的使用方式与search()函数和match()函数相同。

例如，基于findall()函数通过正则表达式寻找字符串中所有的数字，并获取匹配的结果，代码如下。

```python
import re
s = 'a1b2c3d4'
lst = re.findall(r'\d+', s)
print(lst)  # 输出 ['1', '2', '3', '4']
```

需要注意的是，findall()函数会扫描整个字符串，因此比search()方法的效率更低。如果只需查找第一个匹配的子串，则应该使用search()方法。

（5）finditer()

finditer()函数功能与findall()函数基本相同，同样用于在字符串中查找所有匹配正则表达式的子串，不同之处在于，finditer()函数会返回一个通过迭代器逐个生成的Match对象序列。

例如，基于finditer()函数通过正则表达式寻找字符串中所有的数字，并使用迭代器获取匹配的结果，代码如下。

```
import re
s = 'a1b2c3d4'
it = re.finditer(r'\d+', s)
for m in it:
    print(m.group())  # 逐一输出匹配的子串
```

（6）sub()

在re模块中，sub()是一种用于搜索并替换字符串的函数，可以在字符串中查找所有匹配正则表达式的子串，并替换为指定的字符串后，返回替换后的新字符串，语法格式如下。

```
re.sub(pattern, repl, string, count=0, flags=0)
pattern.sub(repl, string, count=0, flags=0)
```

sub()函数参数说明见表6-15。

表6-15　sub()函数参数

参数	描述
repl	用于替换的字符串
string	需要进行搜索和替换的原始字符串
count	最多替换次数
flags	用于指定正则表达式的匹配模式

例如，基于sub()函数通过正则表达式将字符串中的数字替换为"x"，代码如下。

```
import re
s = 'a1b2c3d4'
s_new = re.sub(r'\d', 'x', s)
print(s_new)  # 输出 'axbxcxdx'
```

（7）split()

split()是Python re模块中提供的一种用于分割字符串的函数，该函数可以按照正则表达式匹配的位置，将字符串分割为多个子串，并返回一个列表，语法格式如下。

```
re.split(pattern, string, maxsplit=0, flags=0)
pattern.split(string, maxsplit=0, flags=0)
```

split()函数参数说明见表6-16。

表6-16 split()函数参数

参数	描述
string	需要进行分割的字符串
maxsplit	最大分割次数
flags	用于指定正则表达式的匹配模式

例如，基于split()函数通过正则表达式将字符串按照空格和逗号进行分割，代码如下。

```
import re
s = 'a b,c,d e'
lst = re.split(r'[ ,]+', s)
print(lst)  # 输出 ['a', 'b', 'c', 'd', 'e']
```

任务实施

通过上面的学习，掌握了正则表达式相关内容以及re内置模块的使用，通过以下几个步骤，实现新闻数据的提取，步骤如下。

第一步：对抓取的内容进行处理，将不需要的内容去掉，也就是获取新闻的整体数据，代码如下。

```
def dispose(htmlPage):
    # 对抓取的内容进行截取
    html = htmlPage.split('<ul class="new_cont_bot_ul clearfix">')
    page = html[1].split('<div class="new_cont_bot_page">')
    return page[0]
real=dispose(html)
print(real)
```

截取内容效果如图6-5所示。

```
ts\python.exe C:\Users\12406\PycharmProjects\pythonProject\NewsInformation.py
<li class="ncbu_li fl">
    <a href="https://cloud.inspur.com/about-inspurcloud/about-us/news/All-News/3359.html
        <div class="ys_imgbox_cover">
            <img src="/cn/template/images/l_pics14.png" alt="">
            <img src="/cn/upload/2023-05-31/16855242868672c9f809d87b8132a740018871138d9
        </div>
        <div class="ncbu_li_cont">
            <div class="ncbu_li_cont_tit">技术赋能！浪潮云两项目入选2023年"政务云创新实践案例"</
            <div class="ncbu_li_cont_parga std_text">
                <p>以数字政府建设全面引领驱动数字化发展，未来，浪潮云将继续坚持以数据为核心，在数据云的
            </div>
            <div class="ncbu_li_cont_time std_text">
                <p>2023-05-31</p>
            </div>
        </div>
    </a>
</li>
<li class="ncbu_li fl">
```

图6-5 截取内容

第二步：使用正则表达式对每对<li></li>标签进行匹配，之后通过findall()方法获取所有

的匹配项，代码如下。

```
import re
tag = r'<li class="ncbu_li fl">(.*?)</li>'
m_li=re.findall(tag,real,re.S | re.M)
print(m_li)
```

获取每个<li>标签包含内容效果如图6-6所示。

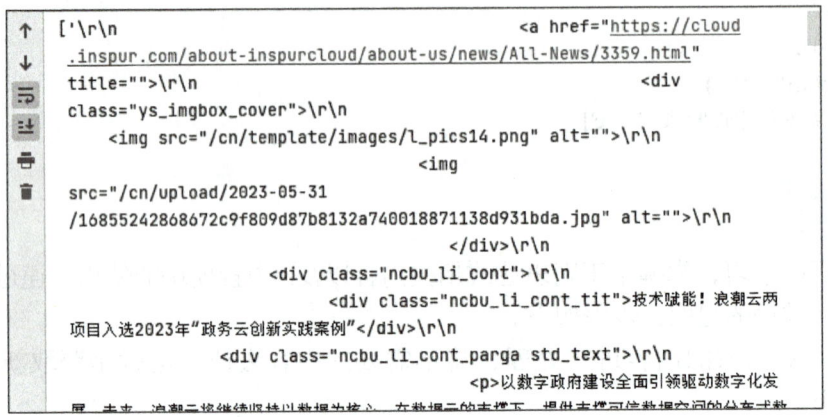

图6-6　获取每个<li>标签包含内容

第三步：通过循环语句对列表进行遍历获取每个新闻的相关信息，包括新闻标题、新闻简介、新闻图片和发布日期，代码如下。

```
for line in m_li:
    # 获取新闻标题
    tag_title = r'<div class="ncbu_li_cont_tit">(.*?)</div>'
    title = re.findall(tag_title, line, re.S | re.M)[0]
    print ('新闻标题：', title)

    # 获取新闻简介
    tag_content = r'<div class="ncbu_li_cont_parga std_text">(.*?)</p>'
    content = re.findall(tag_content, line, re.S | re.M)[0].split("<p>")[1]
    print('新闻简介：', content)

    # 获取新闻图片
    tag_img = r'<img src="/cn/template/images/l_pics14.png" alt="">(.*?)</div>'
    img = re.findall(tag_img, line, re.S | re.M)[0].split('<img src="')[1].split('" alt="">')[0]
    img = "https://cloud.inspur.com" + img
    print('新闻图片：', img)

    # 获取发布日期
    tag_date = r'<div class="ncbu_li_cont_time std_text">(.*?)</p>'
    date = re.findall(tag_date, line, re.S | re.M)[0].split("<p>")[1]
    print('发布日期：', date)
    print('----------------------------')
```

获取所有新闻的信息效果如图6-7所示。

图6-7 获取所有新闻的信息

任务3 使用PyMySQL模块存储数据

任务描述

Hadoop Streaming是一个编程工具，开发人员可以借助Hadoop Streaming提交MapReduce程序。本任务主要通过使用Hadoop Streaming编程工具，去完成电商产品数据的处理和分析项目中数据清洗与词频统计部分的任务，在任务实施的过程中，熟悉MapReduce程序的编程逻辑，掌握使用Hadoop Streaming编程的方法。

在过去，我国的数据库市场主要被海外产品所垄断，例如，Oracle、SQL Server和MySQL。21世纪初期，一些国产数据库开始成立，并依托科研机构进行发展，例如，人大金仓、达梦数据、南大通用和神舟通用等。但由于海外巨头的强势，这些国产数据库的发展十分艰难。随着互联网技术的发展和中国信息产业的兴起，在2009年以后，拉开了数据库本土化替代的序幕。从2014年至今，随着国家政策的推动，国产数据库迎来了快速发展时期，例如，GaussDB数据库、PolarDB等，取得了很大的进展。目前，国产数据库正处于百花齐放的阶段，呈现出更加多样化、更具创新性和活力的发展态势。

知识准备

一、PyMySQL模块安装

1. PyMySQL模块简介

PyMySQL是一个纯Python实现的MySQL客户端库，提供了在Python中访问MySQL数据库的功能，支持Python 2.7和Python 3.x版本，并兼容MySQL 5.5、5.6和5.7版本。

使用PyMySQL，可以在Python中连接、查询和操作MySQL数据库。并且，PyMySQL完全遵循Python数据库API v2.0规范，因此可以与许多Python数据库应用程序和框架集成。PyMySQL的主要功能包括：

1）创建MySQL数据库连接对象；
2）执行SQL查询和更新语句；
3）获取查询结果，并进行数据处理和转换；
4）支持事务处理和批量操作；
5）提供安全的连接和身份验证机制，以保护数据库的安全性；
6）进行错误处理和日志记录，以帮助开发人员调试和优化应用程序；
7）具有良好的可扩展性和灵活性，以满足不同应用场景的需求。

相比其他的Python MySQL库，PyMySQL具有的优点如下：

1）纯Python编写，无需安装额外的C扩展或库依赖；
2）兼容Python DB API 2.0规范，易于学习和使用；
3）支持大多数MySQL特性，例如，存储过程、视图和触发器等；
4）在网络连接上表现良好，通过预处理SQL语句可以有效地防止SQL注入攻击；
5）代码简单，易于定制和维护。

2. PyMySQL模块安装

由于PyMySQL是Python的第三方模块，因此可以直接使用pip命令进行安装，PyMySQL下载安装效果如图6-8所示。

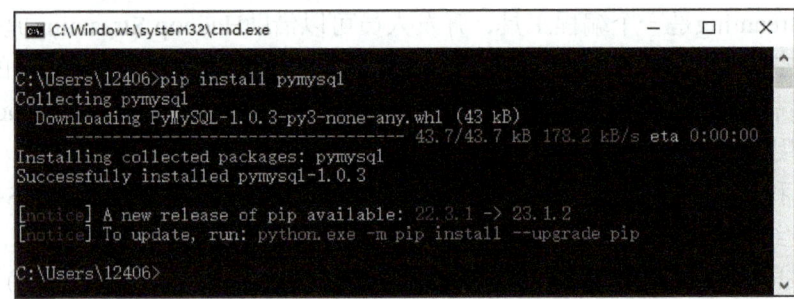

图6-8　PyMySQL下载安装

注意，如果使用pip安装失败，可以通过下载源码方式进行安装。

安装成功后，即可进入Python客户端，通过引入PyMySQL模块进行验证，安装验证效果如图6-9所示。

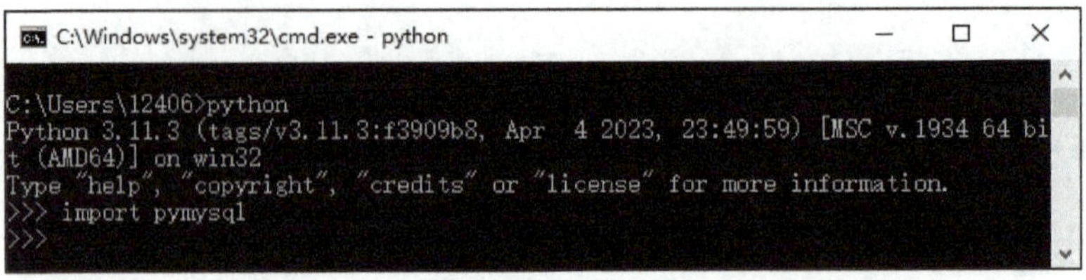

图6-9　安装验证

二、数据库连接

在使用PyMySQL对MySQL数据库进行操作之前,创建数据库连接对象是必不可少的一步。在PyMySQL中,可以通过connect()函数来创建数据库连接对象,方法的参数包括MySQL服务器的连接配置信息,语法格式如下。

pymysql.connect(host='localhost',user='',password='',database=None,port=3306,charset='utf8mb4')

connect()函数参数说明见表6-17。

表6-17 connect()函数参数

参数	描述
host	数据库服务器地址,默认为localhost
user	数据库用户名
password	数据库密码
database	要连接的数据库名称,默认为 None
port	数据库端口号,默认为3306
charset	字符集编码格式,默认为utf8mb4

例如,使用connect()函数创建一个MySQL数据库连接对象,并指定要连接的主机、用户名、密码、数据库名、端口号和字符集等信息,代码如下。

```
import pymysql
# 创建 MySQL 数据库连接对象
conn = pymysql.connect(
    host='localhost',
    user='root',
    password='123456',
    database='testdb',
    port=3306,
    charset='utf8mb4'
)
```

需要注意的是,在完成与MySQL数据库的交互后,应该关闭连接,以避免资源浪费和安全问题。在PyMySQL中,可以调用连接对象的close()方法实现连接的关闭。

例如,使用close()方法关闭MySQL数据库连接,代码如下。

```
# 关闭数据库连接
conn.close()
```

三、数据库连接对象方法

在PyMySQL中,创建MySQL数据库连接对象后,除了可以使用close()方法实现连接的关闭外,连接对象还提供了多个管理数据库的方法,可以在Python代码中对MySQL数据库进行操作,数据库连接对象常用方法见表6-18。

表6-18 数据库连接对象常用方法

方法	描述
cursor()	创建一个游标对象
commit()	提交当前事务，该方法只对支持事务的数据库生效

（1）cursor()

游标是一种与数据库交互的方式，它能够在查询结果集中向前和向后移动，并把指针指向不同的记录。目前，PyMySQL中提供了cursor()方法，能够创建一个用于执行SQL命令并处理查询结果的游标对象，语法格式如下。

cursor = conn.cursor(cursor=None)

cursor()方法参数说明见表6-19。

表6-19 cursor()方法参数

参数	描述
conn	PyMySQL连接对象
cursor	要使用的游标类型，可选值有： ● pymysql.cursors.Cursor：普通的游标对象，默认创建的游标对象 ● pymysql.cursors.SSCursor：不缓存游标，主要用于当操作需要返回大量数据的时候 ● pymysql.cursors.DictCursor：以字典的形式返回操作结果 ● pymysql.cursors.SSDictCursor：不缓存游标，将结果以字典的形式进行返回 ● pymysql.cursors.TupleCursor：以元组的形式返回操作结果

例如，使用cursor()方法创建一个游标对象，代码如下。

```
import pymysql
# 连接数据库
conn = pymysql.connect(
    host='localhost',
    user='root',
    password='123456',
    database='testdb',
    port=3306,
    charset='utf8mb4'
)
# 获取Cursor对象
cursor = conn.cursor()
```

（2）commit()

在PyMySQL中，commit()方法用于提交当前事务。通常使用在数据修改操作（例如，INSERT、UPDATE和DELETE）执行后，以保证数据的一致性，如果不调用commit()方法提交事务，则数据库不会保存这些修改。commit()方法语法格式如下。

conn.commit()

四、游标对象方法

PyMySQL游标对象提供了一些用于管理MySQL数据库查询结果的方法,这些方法可以帮助开发人员更好地处理查询结果集,游标对象常用方法见表6-20。

表6-20 游标对象常用方法

方法	描述
execute()	执行SQL语句
executemany()	执行多条SQL语句
fetchmany()	获取结果集中的指定数量的行数据
fetchall()	获取结果集中的所有行数据

(1) execute()

在PyMySQL中,Cursor对象的execute()方法用于执行一条SQL语句,它可以执行任何一种SQL语句(包括添加、查询、更新和删除等),返回值为受影响的行数(针对更新、删除操作),或者None(针对查询操作),语法格式如下。

cursor.execute(sql, args=None)

execute()方法参数说明见表6-21。

表6-21 execute()方法参数

参数	描述
cursor	PyMySQL游标对象
sql	要执行的SQL语句
args	查询时所需的参数,它可以是单个参数或者一个元组、列表等可迭代对象

例如,使用execute()方法向数据库中插入一条数据,代码如下。

```
sql = 'INSERT INTO 'table' ('name', 'age') VALUES (%s, %s)'
cursor.execute(sql, ('Tom', 18))
# 提交事务
conn.commit()
```

(2) executemany()

相比于execute()方法,executemany()用于批量执行相同的SQL语句,可以一次性执行多个SQL语句,通常用于批量插入或更新数据,语法格式如下。

cursor.executemany(sql, args_list)

executemany()方法参数说明见表6-22。

表6-22 executemany()方法参数

参数	描述
cursor	PyMySQL游标对象
sql	要执行的SQL语句
args_list	一个元组或列表的列表,每个元组或列表代表一组参数

例如，使用executemany()方法向数据库中批量插入多条数据，代码如下。

```
sql = 'INSERT INTO 'table' ('name', 'age') VALUES (%s, %s)'
data = [('Tom', 18), ('Jerry', 20), ('Mike', 22)]
cursor.executemany(sql, data)
# 提交事务
connection.commit()
```

需要注意的是，在批量插入或更新数据时，由于数据量可能非常大，因此需要考虑分批提交数据以保证程序的稳定性和效率。同时，在执行过程中，如果出现异常需要进行异常处理，例如，使用try-except语句块来捕获异常并回滚事务以保证数据的一致性。

（3）fetchmany()

在PyMySQL中，Cursor对象的fetchmany()方法用于获取指定数量的查询结果，它可以一次性获取指定数量的记录，适用于查询结果较大的情况，语法格式如下。

```
cursor.fetchmany(size=None)
```

execute()方法参数说明见表6-23。

表6-23　execute()方法参数

参数	描述
cursor	PyMySQL游标对象
size	表示要获取的查询结果数量，如果不指定size，则默认为Cursor对象的数组大小，可以通过设置cursor.arraysize属性来改变其大小。cursor.arraysize属性是一个整数类型的属性，表示默认情况下一次从数据库中获取的查询结果数量

例如，使用fetchmany()方法获取查询结果集的前10行数据，代码如下。

```
sql = 'SELECT 'name', 'age' FROM 'table''
cursor.execute(sql)
result = cursor.fetchmany(10)
print(result)
```

需要注意的是，在使用fetchmany()方法时需要先执行查询操作，确保结果集已经准备就绪。同时，在获取结果集时也需要考虑到内存占用的问题，尽量避免一次性获取过多的数据，以免出现内存溢出等问题。

（4）fetchall()

fetchall()方法用于获取查询结果集的所有数据，可以一次性获取所有的记录，并返回一个元组列表，每个元组表示一行记录，列表中的行序按执行查询语句得出的结果集顺序排列；当结果集中所有行都被获取时，fetchall()方法将返回一个空列表，适用于查询结果较小的情况，语法格式如下。

```
cursor.fetchall()
```

例如，使用fetchall()方法获取查询结果集的所有数据，代码如下。

```
sql = 'SELECT 'name', 'age' FROM 'table''
cursor.execute(sql)
result = cursor.fetchall()
print(result)
```

需要注意的是，在获取结果集时也需要考虑到内存占用的问题，尽量避免一次性获取过多的数据，以免出现内存溢出等问题。如果结果集较大，最好使用fetchmany()方法分批获取数据。

任务实施

通过上面的学习，掌握了PyMySQL模块的安装及使用，通过以下几个步骤，将提取的新闻数据保存到MySQL数据库，步骤如下。

第一步：使用connect()方法连接MySQL中名为"mysql"的数据库，并通过cursor()方法创建一个游标对象，代码如下。

```
import pymysql
connection = pymysql.connect(host="192.168.0.130", user="root", password="123456", database="mysql", charset='utf8')
cursor = connection.cursor()
```

第二步：在"mysql"数据库中创建一个用于存储课程信息的表"course"，代码如下。

```
sql="'CREATE TABLE 'journalism' (
  'id' int(11) NOT NULL AUTO_INCREMENT,
  'title' varchar(255) CHARACTER SET utf8 DEFAULT NULL,
  'content' varchar(255) CHARACTER SET utf8 DEFAULT NULL,
  'img' varchar(255) CHARACTER SET utf8 DEFAULT NULL,
  'date' varchar(255) CHARACTER SET utf8 DEFAULT NULL,
  PRIMARY KEY ('id')
) ENGINE=InnoDB DEFAULT CHARSET=latin1;'"
result=cursor.execute(sql)
print(result)
```

使用数据库并创建表效果如图6-10所示。

```
C:\Users\12406\AppData\Local\Programs\Python\Python311\python.exe C:\User
0

Process finished with exit code 0
```

图6-10　使用数据库并创建表

第三步：修改数据提取代码，将获取到的课程数据存储到MySQL数据库中，代码如下。

```
# 遍历信息
for line in m_li:
    # 获取新闻标题
    tag_title = r'<div class="ncbu_li_cont_tit">(.*?)</div>'
    title = re.findall(tag_title, line, re.S | re.M)[0]
    print ('新闻标题：', title)
```

```
        # 获取新闻简介
        tag_content = r'<div class="ncbu_li_cont_parga std_text">(.*?)</p>'
        content = re.findall(tag_content, line, re.S | re.M)[0].split("<p>")[1]
        print('新闻简介：', content)

        # 获取新闻图片
        tag_img = r'<img src="/cn/template/images/l_pics14.png" alt="">(.*?)</div>'
        img = re.findall(tag_img, line, re.S | re.M)[0].split('<img src="')[1].split('" alt="">')[0]
        img = "https://cloud.inspur.com" + img
        print('新闻图片：', img)

        # 获取发布日期
        tag_date = r'<div class="ncbu_li_cont_time std_text">(.*?)</p>'
        date = re.findall(tag_date, line, re.S | re.M)[0].split("<p>")[1]
        print('发布日期：', date)
        print('-----------------------------')
        # 添加数据
        sql="INSERT INTO journalism(title,content,img,date) VALUES ('"+title+"','"+content+"','"+img+"','"+date+"')"
        cursor.execute(sql)
        # 提交执行
    connection.commit()
```

第四步：验证数据是否存储成功，使用fetchall()方法查询数据库表“course”中包含的全部数据，如果有数据，说明数据存储成功，代码如下。

```
sql="SELECT * FROM journalism;"
cursor.execute(sql)
results=cursor.fetchall()
print(results)
```

查看数据库数据效果如图6-11所示。

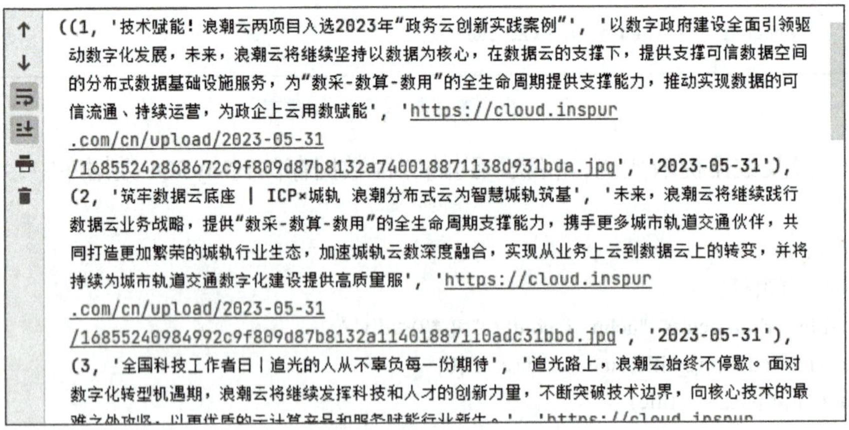
((1, '技术赋能！浪潮云两项目入选2023年"政务云创新实践案例"', '以数字政府建设全面引领驱动数字化发展，未来，浪潮云将继续坚持以数据为核心，在数据云的支撑下，提供支撑可信数据空间的分布式数据基础设施服务，为"数采-数算-数用"的全生命周期提供支撑能力，推动实现数据的可信流通、持续运营，为政企上云用数赋能', 'https://cloud.inspur.com/cn/upload/2023-05-31/16855242868672c9f809d87b8132a740018871138d931bda.jpg', '2023-05-31'), (2, '筑牢数据云底座 | ICP×城轨 浪潮分布式云为智慧城轨筑基', '未来，浪潮云将继续践行数据云业务战略，提供"数采-数算-数用"的全生命周期支撑能力，携手更多城市轨道交通伙伴，共同打造更加繁荣的城轨行业生态，加速城轨云数深度融合，实现从业务上云到数据云上的转变，并将持续为城市轨道交通数字化建设提供高质量服', 'https://cloud.inspur.com/cn/upload/2023-05-31/16855240984992c9f809d87b8132a11401887110adc31bbd.jpg', '2023-05-31'), (3, '全国科技工作者日丨追光的人从不辜负每一份期待', '追光路上，浪潮云始终不停歇。面对数字化转型机遇期，浪潮云将继续发挥科技和人才的创新力量，不断突破技术边界，向核心技术的最难之处攻坚，以更优质的云计算产品和服务赋能行业新生。', 'https://cloud.inspur

图6-11　查看数据库数据

项目小结

本项目通过网页数据的采集和存储的实现,熟悉了数据采集流程,掌握了urllib相关模块的使用,掌握了正则表达式提取数据的实现,掌握了PyMySQL操作MySQL数据库的流程以及方法的使用。

课后习题

1. 选择题

(1) 下列方法中,用于向指定URL发送请求并获取响应结果的是(   )。
    A. urlopen()   B. Request()
    C. urlencode()   D. urlretrieve()

(2) 正则表达式字符中,表示匹配前面的元素零次或多次的是(   )。
    A. .   B. +   C. *   D. ?

(3) 下列函数中,表示从字符串开头开始匹配正则表达式的是(   )。
    A. search()   B. match()
    C. findall()   D. finditer()

(4) 游标类型中,表示普通的游标对象的是(   )。
    A. pymysql.cursors.Cursor   B. pymysql.cursors.SSCursor
    C. pymysql.cursors.DictCursor   D. pymysql.cursors.SSDictCursor

(5) 下列方法中,用于获取结果集中的指定数量的行数据的是(   )。
    A. execute()   B. executemany()
    C. fetchall()   D. fetchmany()

2. 判断题

(1) error模块是urllib的一个异常处理模块,它提供了一些与网络相关的异常类。
(   )

(2) 正则表达式(Regular Expression,通常缩写为regex、regexpr或RE)是描述字符串模式的语言。(   )

(3) compile()编译的正则表达式对象可以多次使用,在效率方面具有优势。(   )

(4) PyMySQL是一个纯Python实现的MySQL客户端库,支持Python 2.7和Python 3.x版本,并兼容MySQL 5.6、5.7和5.8版本。(   )

（5）在使用fetchall()获取结果集时，需要考虑到内存占用的问题，尽量避免一次性获取过多的数据，以免出现内存溢出等问题。如果结果集较大，最好使用fetchmany()方法分批获取数据。（　　）

3. 简答题

（1）简述urllib中常见的HTTP操作。

（2）简述正则表达式优先级。

学习评价

通过学习本项目，看自己是否掌握了以下技能，在技能检测表中标出已掌握的技能。

评价标准	个人评价	小组评价	教师评价
（1）能够使用urllib模拟HTTP请求			
（2）能够使用re模块提取数据			
（3）能够使用PyMySQL连接MySQL数据库存储数据			

注：A为能做到；B为基本能做到；C为部分能做到；D为基本做不到。

参 考 文 献

[1] 马瑟斯. Python编程从入门到实践[M]. 袁国忠，译. 3版. 北京：人民邮电出版社，2023.
[2] 刘瑜. Python编程从零基础到项目实战[M]. 北京：中国水利水电出版社，2021.
[3] 李兴华. Python编程从入门到实践[M]. 北京：中国水利水电出版社，2021.
[4] 凌峰，韩晓泉. 细说Python编程：从入门到科学计算[M]. 北京：清华大学出版社，2023.
[5] 李庆辉. Python之光：Python编程入门与实战[M]. 北京：机械工业出版社，2023.
[6] 前沿科技. Python从入门到精通[M]. 北京：清华大学出版社，2022.
[7] 李刚. Python编程从入门到精通[M]. 北京：北京大学出版社，2021.
[8] 崔庆才. Python3网络爬虫开发实战[M]. 2版. 北京：人民邮电出版社，2021.